Jonathan Byro

DIE WELT IN 60 M

CHRISTIANE SCHLÜTER

DIE BIBEL
in 60 Minuten

Inhalt

Intro 7

Sieben Tage und kein Ende 10

Besser als jede Soap:
die Erzväter-Geschichten............... 23

Ein Road Movie: der große Exodus 32

Legendäre Herrscher 44

Bedeutende Propheten 61

Vom Exil bis zur Zeitenwende 68

Der Mann aus Nazareth................ 73

Die Evangelien........................ 92

Ein streitbarer Theologe............... 99

Wie es weitergeht..................... 109

Verzeichnis der biblischen Bücher 116

Intro

Die Bibel ist nicht im luftleeren Raum entstanden. Während sich Jahrhunderte hindurch in der Abgeschiedenheit kühler Mauern die Papyrusrollen mit Schriftzeichen füllten, tobte draußen das Leben. Die Menschen liebten, schufteten, kämpften und beteten, Königreiche stiegen auf und zerfielen. All das spiegelt sich in den Büchern wider, die zusammen die Bibel ergeben: im Alten und im Neuen Testament.

Auf den Punkt gebracht, erzählt das Alte Testament, wie das Volk Israel ein Fleckchen Erde namens Kanaan in Besitz nimmt, sich darin niederlässt, starke Reiche bildet, ins Exil verschleppt und schließlich politisch wieder bedeutungslos wird. Es erzählt diese Dinge aber nicht im Sinne heutiger Geschichtsschreibung, sondern weil es hinter den geschichtlichen Ereignissen die Führung Gottes erblickt. Das heißt: Die Geschichte, wie das Alte Testament sie präsentiert, ist immer schon gedeutet, interpretiert. Es ist keine Historie im Sinne heutiger Geschichtsschreibung.

Mit dem Neuen Testament sieht es ähnlich aus. Selbst wenn sich die Ereignisse, um die es da geht, in einer wesentlich kürzeren Epoche abgespielt haben und uns außerdem zeitlich viel näher sind, bleibt festzuhalten: Auch das Neue Testament mit seinem Bericht vom Leben, Sterben und Auferstehen Jesu und von den Anfängen der christlichen Kirche ist zunächst Glaubensbekenntnis und dann erst Tatsachenbericht. Wobei die Autoren natürlich alles für Tatsachen hielten, was sie da niederschrieben. Aber wir dürfen nicht vergessen, dass ihnen der Glaube die Feder geführt hat, und dabei entsteht dann eben eine andere Wahrheit.

Das vorliegende Buch zeichnet die Entstehung der wichtigsten biblischen Stoffe und Erzählungen vor dem geschichtlichen Hintergrund nach, soweit wir ihn kennen. Und mit allem Respekt versucht es deutlich zu machen, wo in den Erzählungen der Glaube interpretierend ins Spiel kommt. Denn da wird es besonders spannend. Ist doch Geschichte dann am lebendigsten, wenn es nicht nur um Daten und Fakten geht, sondern um die Gefühle, die sich dahinter verbergen: um die Hoffnungen und Sehnsüchte, die Freude und den Kummer und um die ewige Suche nach dem Sinn, der in allem steckt.

Sieben Tage
und kein Ende

Die Bibel beginnt mit den fünf Büchern Mose. Wer jedoch nicht einfach von den Mosebüchern sprechen will, sollte sich diesen Begriff merken: Pentateuch. Das ist ihr griechischer und damit wissenschaftlicher Name. Im Original bedeutet das Wort »Fünfrollenbuch«. Denn in der frühen Antike schrieb man meist auf Papyrusblätter, die anschließend nicht zu Büchern geheftet, sondern zu Rollen aneinander geklebt wurden.

Der Inhalt des Pentateuchs reicht vom Beginn der Welt bis zu dem Moment, in dem das Volk Israel vor den Toren Kanaans steht, seiner späteren Heimat. Nur dass dieser Zeitraum nach Meinung der Bibel keine Jahrmilliarden beträgt, sondern um einiges weniger.

Zwei Schöpfungsberichte

"Im Anfang schuf Gott Himmel und Erde; die Erde aber war wüst und wirr, Finsternis lag über der Urflut, und Gottes Geist schwebte über dem Wasser« (1Mo 1,1-2). So geht sie los, die Geschichte von der Erschaffung der Welt und mit ihr die ganze Bibel. Sieben Tage braucht Gott, der in diesem allererssten biblischen Kapitel die hebräische Bezeichnung Elohim (Gott, Götter) trägt, für sein Schöpfungswerk. Nacheinander entstehen das Licht und damit die Tages- und Nachtzeiten, Himmel und Erde, Land und Meere, Pflanzen, die Tiere zu Wasser, in der Luft und zu Land und zuletzt der Mensch. Dann heißt es: »Gott sah alles an, was er gemacht hatte: Es war sehr gut« (1Mo 1,31). Schließlich kommt der siebte Tag – der, an dem Gott innehält, der erste Sabbat (vom hebräischen Verb *schabat* – aufhören). Vom jüdischen Sabbat, der jeweils samstags gefeiert wird, ist später die christliche Sonntagstradition beeinflusst.

Und dann, in Vers 4 des zweiten Kapitels, geht die Schöpfung merkwürdigerweise noch einmal von vorn los. Die Erde ist diesmal schon da, aber noch wächst nichts auf ihr. Gott trägt jetzt statt Elohim seinen klassisch israelitischen Namen Jahwe. Er erschafft zuallererst den Menschen, er formt ihn aus Lehm, haucht ihm Atem ein und setzt ihn in einen eigens angelegten Garten, der von Strömen durchflossen wird. Zwei der Ströme heißen Euphrat und Tigris, was zeigt: Dieser Garten lag für die Menschen im sogenannten Zweistromland (Mesopotamien), im heutigen Irak.

Gott lässt in dem Garten die herrlichsten Bäume wachsen, darunter zwei besondere: den Baum des Lebens und den der Erkenntnis von Gut und Böse. Die Früchte dieser Bäume dürfen nicht gegessen werden. Damit der Mensch nicht allein sei, bevölkert Gott den Garten mit Tieren. Der Mensch gibt ihnen allen Namen, aber er selbst fühlt sich einsam. Da versetzt Gott ihn in tiefen Schlaf, entnimmt ihm eine Rippe und formt daraus die Frau: Adam und Eva sind im Paradies angekommen. So endet die zweite Schöpfungsgeschichte.

Zwei Schöpfungsberichte hintereinander, und in ihnen trägt Gott unterschiedliche Namen – das kann eigentlich nur bedeuten: Die fünf Bücher Mose sind nicht aus einem Guss. Tatsächlich besteht der Pentateuch und auch die meisten anderen biblischen Bücher zumeist aus Einzeltexten, die zu unterschiedlichen Zeiten und an verschiedenen Orten geschrieben und Stück für Stück miteinander verknüpft worden sind. Aus der Frage, welche Stücke wo und wann geschrieben und zusammengefügt worden sind, hat sich eine ganze Wissenschaft entwickelt. Sie besteht im Wesentlichen darin, die Bibeltexte in Einzelteile zu zerlegen, zu schauen, worin sie sich inhaltlich und in der Wortwahl unterscheiden, und anschließend alles wieder zusammenzusetzen. Jedoch ist besagte Wissenschaft nicht der Weisheit letzter Schluss. Weil die Bibel vor allem ein Glaubensbuch ist, wird ihr nicht gerecht, wer sie nur in ihre Einzelteile zerlegt. Sie will und muss letztlich als Ganzes, als Einheit, verstanden werden.

Bibel und Mythos

Die beiden Schöpfungsberichte, die am Beginn der Bibel stehen, werden im ersten Jahrtausend v. Chr. niedergeschrieben, im Abstand einiger Jahrhunderte. Ein Vergleich mit Schöpfungserzählungen aus Ägypten, Babylonien und Ugarit (das heutige Ras Schamra in Syrien) zeigt: Die biblische Version greift die großen, alten Erzählungen über den Beginn der Welt auf, die zu jener Zeit im Vorderen Orient und in Mesopotamien kreisen. In den außerbiblischen Mythen geht es meist darum, dass die Welt aus einem großen Chaos heraus entsteht, indem eine oder mehrere Generationen von Göttern gezeugt werden, die dann miteinander kämpfen. Am Ende der Kämpfe steht die Erde da, wie die Menschen sie erleben: mit Tag und Nacht, Himmel und Erde und dem Wechsel von Fruchtbarkeit und Dürre, Leben und Tod. Die Schöpfungsmythen bieten also eine Erklärung dafür an, dass die Erde so ist, wie sie ist – eine wichtige Aufgabe aller Mythen. Die Mythen selbst spielen außerhalb der historischen Zeit, sie werden im religiösen Ritual jedoch immer neu vergegenwärtigt.

Auch im Alten Testament finden sich mythologische Anklänge. Allerdings erzählt das Alte Testament die Geschichte vom Götterkampf nicht komplett. Den Anfang lässt es weg. Der Gott Israels geht nicht erst aus diesem Chaos hervor, sondern er steht schon immer als Sieger darüber. Das ist die speziell israelitische Interpretation der Schöpfungsmythen. Israels Gott will von seinem Volk exklusiv verehrt werden und die vielen anderen Götter ringsum entmachtet sehen. So ähnlich ist es auch mit den Naturgewalten, die sich am Anfang der Welt austoben: Aus Israels Sicht ist Gott immer schon ihr Herr, er nutzt sie, um die Erde für Tier und Mensch bewohnbar zu machen. Der Mensch aber ist Gipfel- und Mittelpunkt der Schöpfung. Daraus leitet die Bibel dann auch den Auftrag ab, der richtiggehend Schöpfungsauftrag heißt. Er besagt, dass der Mensch sich gut um die übrige Schöpfung kümmern soll, weil sie ihm anvertraut ist (1Mo 1,28).

Etwas zur Gleichberechtigung

Weil Eva nach der Bibel aus Adams Rippe erschaffen wurde, nahmen sich die – zumeist männlichen – Bibelinterpreten rasch die Freiheit heraus, daraus die Unterordnung der Frau unter den Mann abzuleiten. Die Herren haben jedoch zu flüchtig gelesen. Adam gibt zwar seine Rippe her, er trägt aber sonst zu Evas Entstehung nichts weiter bei. Gott erschafft die Frau ebenso, wie er zuvor den Mann erschaffen hat.

Der Sündenfall und andere Katastrophen

Nach dem zwar dramatischen, aber doch äußerst geglückten Anfang geht es im ersten Mosebuch erst einmal nur mit Katastrophen weiter. Bis Kapitel 11 erweist sich die Menschheit, die Krone der Schöpfung, als äußerst wankelmütige Gattung: leicht in Versuchung zu führen, immer neidisch, jederzeit zur Selbstüberschätzung neigend und selten mit dem Blick für die Realität begabt. Das zeigt zuerst die Geschichte vom Sündenfall im dritten Kapitel: Adam und Eva essen von dem Baum, dessen Früchte das Wissen um Gutes und Böses verschaffen. Daraufhin erkennen sie, dass sie nackt sind, und als Gott ihnen ihr Vergehen auf den Kopf zusagt, beginnt eine Kette der Schuldzuweisungen: Adam sagt, Eva habe ihm die Frucht gereicht, Eva ihrerseits beteuert, die Schlange sei es gewesen.

Von einem Apfel ist in der Sündenfallgeschichte ursprünglich jedoch nicht die Rede, nur von einer Frucht. Erst im fünften Jahrhundert n. Chr. macht ein Bibelinterpret daraus den Apfel, vermutlich, weil *malum* und *malus* im Lateinischen beides bedeutet: Apfel(baum) und Böses.

Aber wer ist denn nun wirklich schuld – Adam, Eva oder die Schlange? Die männlich bestimmte Sichtweise früherer Jahrhunderte stürzte sich nur zu gern auf die Frau. Zusammen mit der Frucht und der Schlange, einem perfekten Phallussymbol, ergibt die nackte Eva ja auch ein aufreizendes Bild. Die Geschichte vom Sündenfall will jedoch gar keine Ursachenforschung betreiben. Wer an der Vertreibung aus dem Paradiesgarten schuld ist, interessiert nicht. Geschildert wird lediglich, dass der Mensch, so wie er heute auf Erden lebt, schon immer schuldig ist und dass Schuld die Kehrseite des Wissens ist. Wir sind aus dem Stadium der Unbewusstheit hinaus – das besagt die Frucht vom Baum der Erkenntnis – und können nie wieder dahin zurück. Die Bibel beschreibt es im Bild: Gott vertreibt Mann und Frau aus dem Paradies. Fortan erleben sie das Dasein als mühselig und gefährlich. Und vor dem Tor des Paradieses stehen Engel und halten es verschlossen (1Mo 3,24).

Auf den Spuren der großen Flut

Adam und Eva zeugen Kain und Abel, der von seinem Bruder erschlagen wird, und danach noch mehr Kinder. Die Bibel wird jetzt etwas summarisch und präsentiert in 1Mo 5 eine Liste. Das tut sie gern, wenn es größere Zeitspannen zu überbrücken gibt. Wie sehr diese Überlieferungen ins Sagenhafte zurückreichen, zeigt sich daran, dass die meisten Personen in dieser Liste sich einer bemerkenswerten Gesundheit erfreuen: Sie werden selten weniger als achthundert Jahre alt.

Und dann kommt Noah, in Kapitel 6 bis 9. Auch Noah ist schon stolze sechshundert Jahre alt, als Gott von seiner eigenen Schöpfung endgültig genug hat. Er sieht, dass nur Gewalt herrscht, ein Kampf jeder gegen jeden. Deshalb soll die Schöpfung untergehen, kläglich ersaufen. Einzig und allein Noah findet Gnade vor Gottes Augen. Er soll die Arche bauen, ein riesiges, kastenartiges Schiff, darin von jeder Tierart ein Paar und von allem Essbaren etwas unterbringen und dann mit seiner Familie an Bord gehen. So geschieht es, und Gott höchstpersönlich schließt die Tür der Arche. Dann regnet es. Das Motiv der großen Flut gehört zum mythologischen Schatz vieler Völker. Die Archäologie hat bislang zwar keine Spuren einer weltweiten großen Flut entdeckt. Wohl aber könnten ferne Erinnerungen an regionale Flutkatastrophen in diesen Erzählungen nachklingen.

Als nun alles Leben auf der Erde vernichtet ist, hört es auf zu regnen, die Flut sinkt wieder, und Noahs Arche setzt auf dem Gebirge Ararat – im heutigen südlichen Kaukasus und östlichen

Anatolien – auf. Noah macht den Taubentest und lässt einen Vogel fliegen. Als die Taube mit einem Ölzweig im Schnabel wiederkehrt und beim nächsten Mal ganz wegbleibt, öffnet Noah auf Gottes Geheiß die Arche, und Mensch und Tier beginnen die Erde erneut zu bevölkern.

Das nun Folgende gehört zu den schönsten Passagen der Bibel: Gott reut sein früherer Zorn. Er verspricht Noah, dass er nie wieder solch eine Flut über die Erde kommen lassen will. Zum Zeichen dieses Versprechens stellt er seinen Regenbogen in die Wolken. »Bund« nennt Gott diese Zusage an die Menschen (1Mo 9,8–17).

Bundesschlüsse

Bundesschlüsse, quasi Vertragsschlüsse zwischen Gott und den Menschen, kommen noch öfter in der Bibel vor. In 1Mo 15 und in 1Mo 17 verspricht Gott Abraham, dem Erzvater der Israeliten, reiche Nachkommenschaft und sagt ihm und seinen Nachfahren das Land Kanaan zu. Auch die Verkündigung der Zehn Gebote an Mose auf dem Berg Sinai (2Mo 34) ist solch ein Bundesschluss: Gott verspricht Israel zahlreiche Wundertaten und Schutz gegen die Feinde. Im Gegenzug muss das Volk sich verpflichten, die Gebote zu halten, nicht nur die Zehn Gebote, sondern auch alle kultischen Vorschriften wie Sabbatruhe und vorschriftsmäßiges Opfern. Wichtigste Verpflichtung für das Volk ist aber, dass es seinen Gott, den Jahwe-Gott, exklusiv verehrt. Denn Jahwe, so sagt er selbst von sich, ist ein »eifersüchtiger Gott« (2Mo 34,14). Wer die weitere Geschichte Israels bis zum Babylonischen Exil schon kennt, weiß: Israel ist öfter vertragsbrüchig geworden. Die großen Propheten haben den politischen Untergang des Reiches denn auch gern als Strafe Gottes für diese Vertragsbrüche gedeutet. Allerdings war niemals die Strafe das letzte Wort, sondern die Versöhnung.

Auch die Hoffnung auf den Messias, der Israel retten und ihm Frieden bringen wird, knüpft sich immer wieder an die Bundesschlüsse des Alten Testaments. Als Jahrhunderte später Jesus Christus auftritt, erkennen die Gläubigen in ihm die Mensch gewordene Versöhnung mit Gott, den

Stifter eines neuen und nunmehr ewigen Bundes. Deshalb heißen die Evangelien und Apostelbriefe, die von Jesus handeln, Neues Testament. Das lateinische Wort *testamentum* bedeutet nämlich nichts anderes als das hebräische *berit* – Bund.

Besser als jede Soap: die Erzväter-Geschichten

Wer einen richtigen Patriarchen sucht, einen Herrscher über weites, von Viehherden bestandenes Land, wer sorgende und bisweilen intrigante Familienmütter, heißspornige Söhne und hübsche Schwiegertöchter sehen will, der sollte die Erzvätergeschichten in Kapitel 12 bis 50 des ersten Mosebuches aufschlagen. Die Erz- oder Urväter heißen so, weil sie gemeinsam mit ihren Frauen, den Erzmüttern, als Ahnfamilie des späteren Volkes Israel gelten. In späteren Jahrhunderten war für die Israeliten klar, dass das gesamte Volk von ihnen abstamme und deshalb über eine gemeinsame Familienstory verfüge. Man kann aber davon ausgehen, dass die einzelnen Geschichten ursprünglich immer nur in einer begrenzten Region spielten und sich erst nach und nach in den Sagenschatz des gesamten Volkes eingliederten, parallel mit dem Zusammenwachsen der einzelnen Volksstämme zum Gesamtvolk.

Wir wechseln nun die Epoche: Von der Urzeit, in der Sintflut und Turmbau spielen, geht es in die historisch fassbare Zeit – in die frühe und mittlere Bronzezeit, genauer: in die erste Hälfte des zweiten vorchristlichen Jahrtausends.

Erste Generation: Abraham und Sara

Abraham ist der älteste Erzvater. Er wohnt ursprünglich in Haran, dem heutigen Harran in der Südosttürkei. Dorthin ist er mit seiner Sippe aus Ur im heutigen Südirak gekommen. An ihn, so erzählt die Bibel, ergeht eines Tages die Aufforderung Gottes, er möge mit seiner Frau Sara aus Haran wieder wegziehen, in ein Land, das Gott ihm zeigen werde: Kanaan. Dort solle er sich niederlassen und zum Vater eines großen Volkes werden, von dem Segen für die ganze Welt ausgehen werde (1Mo 12,1–3). Abraham gehorcht und zieht nach Palästina, in die Gegend von Hebron. Die Bibel gibt ihm noch in hohem Alter einen Sohn namens Isaak, einen

Enkel namens Jakob und zwölf Urenkel, aus denen der Überlieferung zufolge die Stämme Israels erwachsen.

Die Religionsgeschichtler kennen Abraham als sagenhafte Gestalt, die im Judentum, Christentum und Islam gleichermaßen verehrt wird. Historisch lässt sie sich nicht dingfest machen. Es ist nur zu erahnen, dass hinter den Geschichten reale Ereignisse stehen, die durch unzählige Weitererzählungen sagenhaft überhöht worden sind – was im Übrigen für alle Erzvätergestalten gilt.

Abrahams Name ist nordsemitisch. Er bedeutet übersetzt »der Vater ist erhaben«. Dies ist ein Ehrentitel, der von Gott verliehen wird. Wo die Menschen wie zu jener Zeit im Vorderen Orient in Sippen zusammenleben, fühlen sie sich namlich gern über einen Urahnen mit der Gottheit verbunden – der Urahn kann heiklere Dinge persönlich regeln, ähnlich den Heiligengestalten der katholischen Kirche.

Weil es rings um Harran auch heute noch viele Ortschaften gibt, welche die Namen von biblischen Verwandten Abrahams tragen, kann man davon ausgehen, dass die Abraham-Sippe im zweiten vorchristlichen Jahrtausend dort beheimatet ist. Ihre Mitglieder leben als Viehnomaden und Kleintierzüchter. Sie wechseln mit ihren Tieren von der begrünten Steppe im Winter zum Umland der Städte und Dörfer im Sommer. Im Lauf der Zeit gelangt die Abraham-Tradition weiter südwärts, nach Palästina, wo der Glaube an den Gott des Sippenvaters mehrfach verankert wird, beispielsweise in Hebron. In Palästina verschmelzen die Abraham-Traditionen mit anderen Sagenkreisen, etwa mit der Isaak-Tradition oder mit der Geschichte von Lot und seiner Frau, die beim Untergang von Sodom und Gomorra zur Salzsäule erstarrt (1Mo 19). Diese Lot-Geschichte gehört – die Salzsäulen zeigen es – zum Toten Meer. Bis dorthin hat sich die Abraham-Tradition also schließlich ausgebreitet.

Zweite Generation: Isaak und Rebekka

Isaak, der Sohn Abrahams, wächst heran und wird heiratsfähig. Sein Vater schickt den Knecht in die alte Heimat Mesopotamien, um dort die passende Frau für den Sohn auszusuchen (1Mo 24). Der Knecht kehrt mit Rebekka heim. Sie schenkt Isaak zwei Söhne: Esau und Jakob. Rebekka liebt den jüngeren Jakob mehr als den Erstgeborenen. Sie hilft ihm, sich vom erblindeten Isaak den Erstgeborenensegen zu erschleichen: Jakob zieht Esaus Kleidung an und legt sich das Fell junger Ziegenböckchen auf Hals und Hände – sein Bruder ist nämlich behaarter als er selbst. Tatsächlich lässt Isaak sich täuschen und segnet Jakob als Erstgeborenen. Und weil der Segen, einmal ausgesprochen, nicht mehr zurückgenommen werden kann, bleibt für Esau nur noch die wenig erfreuliche Mitteilung, dass er ein schweres Leben haben, sich aber letztlich doch von seinem Bruder unabhängig machen werde. Viel später werden sich die beiden tatsächlich versöhnen (1Mo 33).

Ein teures Essen

Irgendwie ist Esau aber auch selbst schuld: Er hatte Jakob zuvor freiwillig seinen Erstgeborenensegen abgetreten, als er einmal ausgehungert vom Feld kam und Jakob vor einem

Topf mit selbst gekochtem Linsengemüse sitzen sah. »Ich sterbe vor Hunger, was soll mir da das Erstgeburtsrecht«, hatte Esau nur gestöhnt, als Jakob ihm den Deal vorschlug: Essen gegen Erstgeburtsrecht. Diese Portion Linsen mit Brot ist wahrscheinlich eine der teuersten Mahlzeiten der Weltgeschichte gewesen (1Mo 25,27–34).

Die Nacht von Bethel

Weil Esau ihn mit seinem Zorn verfolgt, flieht Jakob zu seinem Onkel Laban nach Haran. Unterwegs übernachtet er im Freien, mit dem Kopf auf einem Stein liegend. Im Traum sieht er eine Leiter, die bis zum Himmel reicht und auf der die Engel auf- und absteigen. Ganz oben steht Gott und verspricht diesem Enkel Abrahams das Land Kanaan und zahlreiche Nachkommen, durch welche alle Menschen gesegnet sein würden – so, wie er es schon dem Großvater verheißen hatte. Als Jakob erwacht, schaudert ihn vor der Heiligkeit dieses Ortes. Er weiht den Stein, der ihm als Kopfkissen gedient hat, mit Öl und verspricht, an dem Ort Bethel ein Gotteshaus zu errichten, sollte er eines Tages wohlbehalten heimkehren.

Dritte Generation: Jakob, Lea und Rahel

Bei seinem Onkel Laban verliebt sich Jakob in dessen jüngere Tochter Rahel. Er wirbt sieben Jahre um sie, bekommt dann jedoch vom listigen Laban erst die ältere Tochter, Lea, zur Frau. Nach weiteren sieben Jahren darf Jakob Rahel heiraten. Dann macht er sich mit seiner Familie auf den Weg zurück in die Heimat. Unterwegs widerfährt ihm wieder etwas Mystisches: Bei der nächtlichen Überquerung des Flusses Jabbok ringt ein Mann mit ihm bis zum Morgengrauen (1Mo 32,23–33). Jakob nimmt den Widersacher in den Schwitzkasten und lässt nicht los, auch als der Unbekannte ihm die Hüfte ausrenkt. Da segnet ihn der Fremde, in dem die Bibel Gott sieht, und gibt ihm einen neuen Namen: Israel – Gottesstreiter. Hinkend zieht Jakob weiter. Diese Geschichte, wie ein Mensch der Gottheit den Segen abringt, lässt auch die meisten heutigen Leser nicht gleichgültig.

Mit seinen beiden Frauen und einigen Mägden zeugt Jakob insgesamt zwölf Söhne. Auf sie führt das Alte Testament die zwölf Stämme Israels zurück. Heute weiß man: Dies ist eine nachträgliche Konstruktion, welche die gemeinsame Abstammung aller Israeliten sichern soll.

Jakobs jüngster Sohn heißt Benjamin – was »Sohn des Südens« oder auch »Sohn des Glücks« bedeutet (1Mo 35,18).

Vierte Generation: Joseph und seine Brüder

Benjamin und sein Bruder Joseph sind die einzigen Kinder, die Jakob aus der Verbindung mit Rahel hat. Vor allem Joseph ist Jakobs Liebling, weil er dem Vater dessen Träume deutet. Die eifersüchtigen Brüder verkaufen ihn deshalb an vorbeiziehende Händler. So gelangt Joseph nach Ägypten, wo er es dank seiner Kunst, Träume zu deuten, vom Sklaven bis zum Berater des Pharaos bringt. Als eine Hungersnot bevorsteht, warnt er den Pharao, und die Ägypter legen rechtzeitig Vorräte an. Auch Josephs Familie in Palästina ist von der Dürre betroffen und zieht nach Ägypten, um hier Getreide zu kaufen. Nach mancherlei Prüfungen gibt sich der nunmehr mächtige Joseph seiner Familie zu erkennen, die sich daraufhin in Ägypten niederlässt.

Die Josephsgeschichten (1Mo 37–50) haben regelrecht Märchencharakter: per Traumdeutung vom Tellerwäscher zum Millionär! Die Forschung vermutet allerdings, dass sie mit dem tatsächlich belegbaren Aufenthalt von Hebräern in Ägypten ursprünglich nichts zu tun haben. Zu merkwürdig ist die Tatsache, dass die Josephsgeschichten nirgends einen datierbaren Pharao namentlich nennen. Auch zeichnen sie ein auffallend freundliches Bild von den Ägyptern – was sich in den folgenden Geschichten von der Flucht aus dem Nilland doch sehr ändern wird.

Ein Road Movie:
der große Exodus

Die Geschichte vom Auszug des Volkes Israel aus der ägyptischen Sklaverei, seiner jahrzehntelangen Wanderung durch die Wüste und seiner Sesshaftwerdung in Kanaan, dem »gelobten Land«, beginnt im zweiten Mosebuch, das folglich Exodus – Auszug heißt. Die Bibel erzählt diese Geschichte sehr unübersichtlich. Die Wüstenwanderung wird immer wieder durch lange Einschübe unterbrochen, in denen kultische Vorschriften erläutert werden. Diese Vorschriften stammen nicht aus der Zeit der Wüstenwanderung selbst, sondern sind nachträgliche Begründungen dafür, warum Jahrhunderte später am Jerusalemer Tempel so und so verfahren wird.

Ein Motiv allerdings zieht sich durch all diese Texte: Immer wieder zweifeln die Israeliten daran, dass Jahwe wirklich der Gott ist, auf den sie setzen sollen, obgleich er sie aus der ägyptischen Sklaverei befreit hat und ihnen ständig das Land Kanaan und viele Nachkommen zusagt. Rückblickend betrachtet, sind in diesen Erzählungen die langen und mühsamen Kämpfe der Israeliten um ihre nationale und religiöse Identität erkennbar.

Israel und sein »gelobtes Land«

Schauplatz dieser Kämpfe ist die Region Palästina, also Teile der heutigen Staaten Israel und Jordanien sowie Syriens und des Libanon. Palästina als Region ist auf der einen Seite vom Mittelmeer begrenzt und auf der anderen Seite von der Arabischen Wüste. Sein Zentrum bilden die fruchtbaren Ebenen und die kargen Höhenzüge zwischen dem Fluss Jordan im Osten und der Mittelmeerküste im Westen. Die Ebenen sind damals von Handel treibenden Stadtstaaten besiedelt. Es gibt viele Kultstätten und Götter. Das ist Kanaan, das »gelobte Land«, das den Erzvätern laut Überlieferung immer wieder zugesprochen worden ist. »Ein Land, in dem Milch und Honig fließen« (2Mo 3,17), Sehnsuchtsort und schließlich Heimat des Volkes Israel. Die Geschichte seiner Inbesitznahme ist gleichzeitig die Geschichte eines ständigen Hickhacks zwischen Jahwe, dem mitgebrachten Gott der Israeliten, und den regionalen Gottheiten der bereits ansässigen Kanaanäer. Deren sinnenfrohe Kulte, beispielsweise der des Gottes Baal, dürften auf die Israeliten verlockend gewirkt haben. Berichtet doch das Alte Testament immer wieder von der Untreue Israels gegenüber Jahwe und von den entsprechenden göttlichen Strafen, die nie lange auf sich warten lassen.

Ein Volk wächst zusammen

Die biblische Geschichte von Israels Flucht, seiner langen Wanderung und dem geschlossenen Einzug nach Kanaan ist mehr oder weniger eine Fiktion rund um einen historischen Kern. Und dies ist die derzeit gängigste Hypothese über die wahren Begebenheiten: Aus den alten Stadtstaaten Kanaans sind um die Mitte des zweiten vorchristlichen Jahrtausends ärmere

Bauern und Kleintierzüchter abgewandert und haben sich in den benachbarten, kargeren Bergregionen niedergelassen. Dort, im Randgebiet von Steppe und Wüste, kommen sie mit weiträumig zwischen Mesopotamien und Ägypten wandernden Nomaden in Berührung. Außerdem gibt es damals im gesamten Vorderen Orient Wanderarbeiter, die mal hier und mal da leben.

Aus diesen Gruppen erwächst um 1400–1200 v. Chr., begünstigt durch ein machtpolitisches Vakuum in Palästina, über viele Generationen hinweg eine neue Bevölkerungsschicht: Einzelne Großfamilien und Sippen finden sich, vorwiegend im palästinischen Bergland, in neuen Ortschaften zusammen. Ihre gemeinsame Lebens- und Arbeitsweise führt dazu, dass sie sich politisch und militärisch organisieren. Sie kämpfen mit den Nachbarn um die Vorherrschaft in der Region: mit den alten Stadtstaaten ebenso wie mit den zähen Wüstenclans, den Midianitern, Moabitern, Ammonitern, Edomitern … So entsteht langsam das, was wir als die biblischen zwölf Stämme Israels kennen.

Jahwe, der Gott vom Sinai

Was aber ist mit der Flucht aus Ägypten und der Wanderung durch die Wüste, von der das zweite Mosebuch behauptet, das komplette Volk Israel habe sie mitgemacht? Heutige Forscher nehmen an, dass diese Exodusgruppe nur einen, wenn auch einen wichtigen Teil des späteren Volkes Israel darstellt, das sich um 1400–1200 v. Chr. in Palästina konsolidiert, parallel zum Verfall der dortigen alten Stadtstaaten. Sehr wahrscheinlich hat sich diese Nomadengruppe unter Moses Führung tatsächlich aus ägyptischer Zwangsherrschaft befreit und ist gen Palästina gezogen, wo sie mit dem entstehenden Volk Israel verschmilzt.

Erst in der Wüste zwischen dem Golf von Akaba und dem Toten Meer lernen Mose und seine Leute wohl die Jahwe-Verehrung kennen, eventuell vom Nomadenstamm der Midianiter. Der Vergleich mit den eher luxusgewohnten Gottheiten der Kanaanäer zeigt: Der asketische Jahwe ist eindeutig ein nichtkanaanäischer Gott aus der Wüste. 2Mo 19,16ff erzählt, wie er sich auf dem Berg Sinai mit Blitz und Donner zu erkennen gibt. Der Jahwe-Glaube wird nach Palästina mitgeführt, wo ihn die hier ansässigen Sippen und Clans aufgreifen, die irgendwann gemeinsam mit den Wüstenwanderern das Volk Israel bilden werden. Er wird an mehreren Kultstätten im Lande und später exklusiv in Jerusalem verankert und somit zur Identität stiftenden Kraft für das werdende Volk Israel. Das Gleiche passiert mit den Erzählungen von der ägyptischen Fron und von der Flucht, aber auch mit den umlaufenden älteren Überlieferungen über den Kleinviehzüchter Abraham und seine Nachkommen: All diese Geschichten werden gesammelt, geordnet und in den wachsenden Erinnerungsschatz des sich konsolidierenden Volkes eingebracht.

»Ich bin, der ich bin«

Die Gestalt des Mose dürfte allerdings wirklich historisch sein, dafür spricht schon der ägyptische Name. Laut Bibel bekommt Mose eines Tages von Gott den Auftrag, die Hebräer aus der Knechtschaft zu führen. Auf seine Frage, wer ihn da beauftragt, antwortet Gott: »Ich bin der ‚Ich-bin-da'« (2Mo 3,14). Andere Übersetzungen lauten: »Ich bin, der ich bin« oder »Ich werde sein, der ich sein werde.« Im hebräischen Original steht an dieser Stelle das Verb *hjh* – sein. Gott bezeichnet sich also als jemand, der ist, der da ist und präsent ist, als jemand, der Inbegriff des Seins ist. Das passt zur Schöpfungsgeschichte. Gleichzeitig klingt es sehr modern und ein wenig nach Philosophie. Zumal Gott, dieser Inbegriff und Urgrund allen Seins, für die Menschen unsichtbar bleiben will – auch wenn er sich gern in Donner, Feuer und Rauch präsentiert.

Mose jedenfalls überzeugt Gottes Antwort. In der Nacht der Flucht aus Ägypten wird in jedem israelitischen Haushalt ein einjähriges Lamm geschlachtet. Die Israeliten essen das gebratene Fleisch zusammen mit Brot, das wegen der Eile ungesäuert bleiben muss. Sie essen hastig, schon angekleidet für die Reise, dann ziehen sie aus Ägypten fort (2Mo 12,1–13,16). Zur Erinnerung an dieses letzte Mahl vor dem Auszug aus Ägypten feiern die Juden bis heute das Passah-

Fest. Seinen historischen Ursprung hat dieses Opferfest wohl in einem Ritual anlässlich des Weidewechsels der Nomaden im Frühjahr. Bis heute wird Passah im Frühjahr begangen – und auch das christliche Ostern richtete sich einst an diesem Datum aus. Denn nach christlichem Glauben ist Jesus das neue Passah-Lamm. Der Apostel Paulus nennt ihn so (1Kor 5,7), und im Johannes-Evangelium erscheint Jesus als das »Lamm Gottes, das die Sünde der Welt hinwegnimmt« (Joh 1,29).

JHWH und Jehova

Vom hebräischen Verb *hjh*, mit dem Gott sich dem Mose in 2Mo 3,14 offenbart, ist der Name abgeleitet, den Gott im Alten Testament häufig trägt: Jahwe. Man schreibt ihn JHWH. Ursprünglich bestand das Alte Testament nämlich nur aus Konsonanten. Die Vokale setzte man erst ab dem fünften Jahrhundert n. Chr. als Punkte unter die Konsonanten. Da sich die Menschen jedoch scheuten, den echten Namen Gottes auszusprechen, verwendeten sie stattdessen einen anderen, weniger Ehrfurcht gebietenden Gottesnamen: Adonaj – Herr. Entsprechend setzte man später die Punkte für Adonaj unter die Konsonanten JHWH als Zeichen dafür, dass man überall, wo JHWH stand, stattdessen Adonaj lesen sollte. Liest man aber missverständlich die Konsonanten JHWH kombiniert mit den Vokalen für Adonaj, so ergibt sich: Jehova!

Die Zehn Gebote

Die Bibel schildert den Fortgang des Exodus so: Das Volk zieht durch die Wüste. Am Berg Sinai angekommen, steigt Mose hinauf, um mit Gott zu sprechen. Als er zurückkommt, hat er zwei beschriftete Tafeln dabei – die Zehn Gebote: Wieder einmal will Gott mit den Menschen einen Bund schließen. Doch das Volk ist angesichts der Wüstensituation verunsichert. Es hat sich daher einen Götzen in Gestalt des goldenen Kalbes zugelegt (gemeint sind wohl Stierbilder, die im alten Palästina als Fruchtbarkeitssymbole verehrt wurden). Dieses Kalb umtanzen die Menschen, als Mose mit den Gesetzestafeln dazukommt. Voller Zorn zerschmettert er die Tafeln. Am nächsten Tag steigt er wieder auf den Berg, um die Zweitausfertigung des Gesetzes zu holen.

Die Zehn Gebote sind zu einem der wichtigsten Texte der Menschheit geworden. Denn sie fassen zusammen, was jeder beachten sollte, wenn es statt Mord und Totschlag ein einigermaßen friedliches Miteinander zwischen den Menschen geben soll. Die Zehn Gebote heißen auch Dekalog, von griechisch *déka* – zehn und *lógos* – Wort, Gesetz. Sie finden sich in 2Mo 20,1–17 und in einer Variante auch in 5Mo 5,6–21.

Vor den Toren Kanaans

Vom Sinaigebirge geht es weiter nordwärts Richtung Jordan. Doch das Volk zweifelt auf der ganzen Strecke an Jahwe und am Erfolg der Wanderung. So beschließt Gott, erst der nachfolgenden Generation das Land Kanaan zu schenken. Das fünte Mosebuch schildert, wie Mose noch einmal den Exodus Revue passieren lässt und seinen Nachfolger ernennt: Josua, nach dem das folgende biblische Buch benannt ist. Dann stirbt Mose auf dem Berg Nebo, das von Gott versprochene Land vor Augen (5Mo 34).

Das fünfte Mosebuch wird auch Deuteronomium genannt, weil Mose darin noch einmal das Gesetz verkündet. Es schließt den Pentateuch ab und bildet zugleich den Auftakt des sogenannten deuteronomistischen Geschichtswerkes, das über die dann folgenden Bücher Josua, Richter und Rut sowie die beiden Samuelbücher bis zum Ende der beiden Königsbücher reicht. Dieses Geschichtswerk erzählt die Begebenheiten von der Einwanderung der Israeliten nach Kanaan über die Zeit der großen Könige David und Salomo hinaus bis zum Untergang des Südreiches Juda 586 v. Chr., dem Beginn des berühmten Babylonischen Exils.

Heilsgeschichte

Die Errettung aus der Sklaverei und das Unterwegssein unter dem Schutz Gottes sind, über die Grenzen des Volkes Israel hinaus, zu Sinnbildern des menschlichen Lebens geworden, und zwar aus jüdischer wie aus christlicher Sicht. Der Exodus als Symbol des Gehens mit Gott hat das abendländische Verständnis der Geschichte geprägt wie kaum etwas anderes. Die historischen Vorgänge haben eine spirituelle Dimension bekommen. Der Fachbegriff hierfür lautet: Heilsgeschichte. Man kann es als das Besondere des Juden- wie des Christentums ansehen, dass sie Glaubensdinge und Geschichte miteinander verknüpfen, in der Geschichte das Wirken Gottes erkennen und an ihrem Ende auf die Heimkehr zu Gott hoffen. Diese Hoffnung auf ein gutes Ende der Geschichte hat das abendländische Denken maßgeblich geformt und ausgerichtet. Wir sind seither geübt darin, den Verlauf der Geschichte mit nahezu spiritueller Hoffnung zu betrachten. Sogar Marx' Utopie einer klassenlosen Gesellschaft spiegelt noch etwas von diesem heilsgeschichtlichen Denken auf ein wunderbares Ziel hin wider.

Legendäre Herrscher

Nachfolger des Mose wird Josua – er beweist das Gottvertrauen, das nötig ist, um den alteingesessenen Stadtstaaten das »gelobte Land« Kanaan zu entreißen und unter die zwölf Stämme Israels zu verteilen. Historisch ist wenig gesichert über Josua. Das nach ihm benannte biblische Buch zeichnet einen charismatischen Kriegshelden aus dem Stamm Ephraim, der vermutlich zwischen dem dreizehnten und zwölften Jahrhundert v. Chr. lebt. Die Sagen über ihn werden später auf Gesamtisrael übertragen.

In jener frühen Phase um die Jahre 1200–1000 v. Chr. ist Israel zunächst nicht so zentral organisiert, dass ein König sich halten könnte. Es gibt Stammesoberhäupter und manche charismatische Kriegs- und Führungsgestalten: die »großen Richter« wie zum Beispiel Gideon und Jeftah. Ihre Taten werden im Richterbuch erzählt. Ein kleiner Riss geht allerdings schon jetzt durch das Ganze. Die israelitischen Stämme existieren nämlich in einem nördlichen und einem südlichen Verband. Die Grenze verläuft oberhalb des Toten Meeres in westöstlicher Richtung. Der Norden heißt Israel, der Süden Juda.

Simson

Eine bekannte Gestalt aus dem Richterbuch ist Simson. Manche nennen ihn auch Samson, sein Name bedeutet »kleine Sonne«. Mit seinen tragikomischen Abenteuern wirkt er eher wie der Held einer Volkssage. Simson besitzt sehr langes Haar und daraus resultierend enorme Kraft, denn ein Engel hat seiner Mutter befohlen, das Haar des Kindes wachsen zu lassen zum Zeichen, dass ihr Sohn ein Gott geweihter Nasiraer sei (von hebräisch: *nazir* – Geweihter). Als junger Mann verliebt Simson sich in die Philisterin Delila, somit in eine Feindin. Die ruht nicht eher, als bis sie das Geheimnis seiner Kraft aus ihm herausgefragt hat. Danach überwältigen die Philister Simson, blenden ihn und kerkern ihn ein. Bei einem Fest wollen sie ihn als Spaßmacher in einem heidnischen Tempel vorführen. Doch inzwischen ist Simsons Haar und mit ihm seine Kraft wieder gewachsen. Mit bloßen Händen bringt er den Tempel zum Einsturz und reißt auf diese Weise grimmig entschlossen seine Feinde mit in den eigenen Tod (Ri 13–16).

Rut

Ebenfalls zur Zeit der Richter lebt Rut. Sie ist eine Moabiterin, aber verheiratet mit einem Israeliten. Nach dem Tod ihres Mannes geht sie mit ihrer Schwiegermutter Naomi in deren israelitische Heimat zurück. Die Worte, mit denen Rut dieses Vorhaben bekräftigt, sind ein beliebter Trauspruch: »Wohin du gehst, dahin gehe auch ich, und wo du bleibst, da bleibe auch ich. Dein Volk ist mein Volk, und dein Gott ist mein Gott. Wo du stirbst, da sterbe auch ich, da will ich begraben sein« (Rut 1,16–17).

In Israel herrscht zu jener Zeit großer Hunger. Rut sammelt für sich und Naomi auf dem Feld des reichen Boas die Ähren auf, die bei der Ernte liegen bleiben. Boas verliebt sich in die selbstbewusste und doch bescheidene junge Frau, es gibt ein Happy End, und Rut wird zur Ahnfrau des Königs David.

Der erste König

Die beiden Samuelbücher berichten, wie es mit Israel weitergeht, als die Epoche der Richter endet und die des Königtums beginnt. An der Schwelle dieser neuen Epoche steht Samuel, ein Prophet und Priester. Die Bibel berichtet, dass er im Auftrag Gottes den Benjaminiten Saul zum ersten König in Israel salbt (1Sam 9). Diese Salbung ist jedoch wahrscheinlich eine Legende, die belegen soll, dass Israel seinen ersten König mit Gottes Einverständnis über sich gesetzt hat. Die Zeit – wir befinden uns in der Epoche um die erste vorchristliche Jahrtausendwende – ist jetzt offensichtlich reif für ein nationales Oberhaupt. Jedoch herrscht Saul, entgegen seinem eigenen Selbstverständnis und entgegen späteren Interpretationen, sehr wahrscheinlich nicht über alle israelitischen Stämme, sondern, als umherziehender Heerkönig, vor allem über

Ephraim und Benjamin. Gegen das übermächtige Seevolk der Philister vermag sein Heer nichts auszurichten, er selbst tötet sich nach verlorenem Kampf.

Die Bibel schildert Saul und Samuel als komplementäres Paar: Der königliche Herrscher trifft auf den Mann Gottes, der ihm Jahwes Willen, sein Wohlgefallen und seinen Zorn übermittelt. Auch die künftigen Könige Israels werden immer wieder mit Propheten konfrontiert werden, die ihr Handeln nach göttlichem Maßstab beurteilen.

David und Goliath

Sauls Nachfolger David (ca. 1004–965 v. Chr.) entfaltet erstmals innenpolitische Wirksamkeit. Er ist zunächst Heerführer und König in Juda, bis ihn nach Sauls Tod auch die Nordstämme zum König erheben. Nunmehr König von Israel und Juda in Personalunion, macht David die alte Stadt Jerusalem in Juda zur politischen und religiösen Metropole. Die Bibel berichtet, dass unter ihm jenes große Reich heranwächst, das lange Zeit hindurch als verbindlicher Maßstab für die Größe Israels gelten wird. Dieses sogenannte Davidische Großreich soll sich im Norden bis ins heutige Syrien hinein und im Süden weit über das Tote Meer hinaus erstreckt haben.

Aber hat es das Reich in dieser Größe wirklich gegeben? Der nüchterne Kommentar vieler Geschichtswissenschaftler dazu lautet: Aus Sicht der benachbarten Assyrer und Ägypter wird David ein Provinzfürst gewesen sein. Manche Experten stellen sogar seine historische Existenz sowie die seines Vorgängers Saul und seines Nachfolgers Salomo überhaupt in Frage. Andererseits belegt eine aramäische Siegesstele aus dem neunten vorchristlichen Jahrhundert, dass die judäischen Könige als »Haus Davids« bezeichnet wurden.

Laut Bibel kommt David als junger Waffenträger zu Saul und wird durch die Siege seiner Truppe über die Philister bald immer einflussreicher. Eine Sage berichtet, dass er noch als Hirtenjunge den riesenhaft gewachsenen Philister Goliath mit seiner Steinschleuder besiegt (1Sam 17). Die beiden Gegner David und Goliath sind seither ein Sinnbild für ungleiche Kräfte und dafür, dass die Schwachen Erfolg haben können, wenn Gott auf ihrer Seite steht.

Ein König als Dichter

Die Bibel erzählt: Anders als der preußisch wirkende Saul pflegt David die Kultur, betätigt sich selbst als Dichter und Musiker. In 1Sam 16,14-23 wird er als Musiktherapeut des zeitweise depressiven Saul eingeführt. 73 Psalmen schreibt die Bibel ihm zu – ob mit Recht, weiß man nicht. Doch David wird auch ein sehr machtbewusster und kämpferischer Herrscher gewesen sein, sonst hätte die Überlieferung seinen Namen nicht mit großen militärischen und politischen Erfolgen verbunden.

Diese Erfolge wiederum werden in der Überlieferung damit erklärt, dass David dem Gott Jahwe besonders treu gewesen sei. So verklärt das Volk das Bild dieses Königs im Lauf der Zeit – bis dahin, dass David zum Urbild für den frommen König wird, welchen die Menschen zur Zeit Jesu als Retter ersehnen: für den Messias.

Die Messiastradition

Laut Bibel ist David ein Urahn Jesu Christi. Bekräftigt wird dies durch eine Verheißung des Propheten Nathan an den König: Gott werde einst aus dem Geschlecht Davids einen Herrscher erwecken, der Israel von seinen Feinden retten und es gerecht und weise regieren werde (2Sam 7,12–16). Viele andere Propheten greifen diese Weissagung auf, etwa Jesaja. So wird der ideale Herrscher, der Israel nach innen und außen Frieden bringt, im Lauf der Jahrhunderte noch oft ersehnt werden. Er ist der Messias, vom hebräischen *maschiach* – Gesalbter. Mit den Erwartungen an den Messias als Herrschergestalt wird dann später auch Jesus Christus konfrontiert werden.

Die Psalmen

Das Wort Psalm kommt vom griechischen *psalmós* – Saitenspiel, Lobgesang. Das hebräische Wort lautet *tehila*, von *hilel* – jauchzen. Vom selben Wort kommt übrigens auch das berühmte »Halleluja – Lobt Gott/Jahwe!« 150 solcher Loblieder umfasst das biblische Buch der Psalmen. Darunter so bekannte wie den Psalm 23: »Der Herr ist mein Hirte …« Sehr wahrscheinlich sind die Psalmen in den Jahrhunderten nach dem Exil, also nach 538 v. Chr., im Gottesdienst gebetet oder gesungen worden. Viele Lieder entstammen jedoch älterer Zeit, etwa dem Exil selbst, wo das zerrissene und verschleppte Volk reichlich Stoff für Klagelieder hatte, wie sich noch zeigen wird (etwa Ps 44, 60, 74). Die ältesten Psalmtexte dürften bis in die Zeit zurückreichen, da in Jerusalem der Tempel noch stand und das gläubige Volk dort seinen unsichtbaren Gott anbetete (etwa Ps 86 und 103).

Zion, die Schöne

David macht sie zu seiner Hauptstadt – und heute kennen wir Jerusalem als heilige Stadt gleich dreier Religionen: des Judentums, des Christentums und des Islams. Der Ort im Bergland von Judäa ist schon in vorisraelitischer Zeit besiedelt, erste menschliche Spuren sind aus dem vierten vorchristlichen Jahrtausend nachweisbar. Damals herrschen andere Götter auf der befestigten Anhöhe: Schalem (Heil) und Sedek (Gerechtigkeit) lauten ihre Namen. Der erste der beiden ist in den Namen der Stadt eingegangen: Jerusalem bedeutet »Gründung des Gottes Schalem«. Doch hieß die vorisraelitische Akropolis auch Zion – Dürrplatz. Als »Feste Zion«, als Bergfeste, wird sie im Alten Testament besungen. An den Namen Zion knüpften im neunzehnten und zwanzigsten Jahrhundert die Zionisten an, die sich für die Errichtung eines jüdischen Staates in Palästina einsetzten.

Die Bibel erzählt: David, der König des Süd- und später auch des Nordreiches, erobert mit seinen Truppen die zwischen beiden Reichen liegende Stadt und macht sie zum zentralen und zugleich neutralen Regierungssitz. Er errichtet seinen Palast auf dem Zionsfelsen und holt die Bundeslade, das Wanderheiligtum der Israeliten, um sie außerhalb der Stadtmauern aufzustellen. Die Lade gilt als Thronsitz des unsichtbaren Gottes Jahwe. Als Davids Sohn Salomo der Überlieferung zufolge außerhalb des Festungsbereichs Palast und Tempel neu errichtet, zieht der Jahwe-Thron dorthin um. Der Name Zion überträgt sich nun auf ganz Jerusalem. Während des Babylonischen Exils beginnt dann eine poetische Tradition: Die Feste Zion wird in den nach ihr benannten Psalmen (z. B. 46, 48, 76) als Frau besungen, als schöne Tochter, die Israels Schicksal der Verfolgung und seine Hoffnung auf Gottes Hilfe teilt. Später, als man den Messias und mit ihm das Ende der Zeiten erwartet, stellt man sich vor, dass die Rettergestalt vom Berg Zion kommen werde.

Im Neuen Testament, das gern Zitate aus dem Alten Testament aufgreift, begegnet uns die Zionstradition wieder. Nun ist Jesus derjenige, dessen Kommen Zion erlösen wird. So kennen wir es schließlich auch aus unseren Weihnachtsliedern: »Tochter Zion, freue dich.«

David und Batseba

Batseba – »die Üppige« heißt die Frau, die David vom Dach seines Palastes aus erblickt, während sie sich badet (2Sam 11). Der

König begehrt sie sofort. Allerdings ist Batseba mit dem Hethiter Uria (oder Urias) verheiratet, einem Berufssoldaten. Aber das stört David wenig. Er schreibt an Urias Chef: Der soll Batsebas Mann an die vorderste Front schicken und dort vor dem Feind im Stich lassen, was der Kommandant auch tut. Batseba wird nun Davids Frau. Zur Strafe für die Intrige lässt Gott jedoch den ersten Sohn des Paares sterben. Der zweite Sohn heißt dann Jedidja – Liebling Jahwes. Als er den Thron besteigt, nimmt er einen anderen Namen an: Salomo.

Salomo und der Tempel

Mit Salomos Herrschaft setzen in der Reihenfolge der biblischen Schriften die auf die Samuelbücher folgenden zwei Königsbücher ein. Salomo (965–926 v. Chr.) betreibt der Überlieferung zufolge höchst erfolgreich Außenhandel. Er baut mehrere Festungs- und Garnisonsstädte aus, gilt aber selbst als Friedensherrscher, daher sein Königsname Salomo – Friede. Laut Bibel lässt er den berühmten Jerusalemer Tempel errichten, doch ob diese Zuordnung wirklich stimmt, ist ungewiss. In der Tradition jedenfalls verdrängt der Jerusalemer Tempel die Bedeutung der im Land verstreuten Jahwe-Heiligtümer und wird schließlich zum alles bestimmenden kultischen Mittelpunkt Israels. 586 v. Chr. wird er von den babylonischen Eroberern zerstört, Jahrzehnte später wieder aufgebaut und von Herodes dem Großen kurz vor Jesu Geburt noch einmal komplett umgestaltet. 70 n. Chr. wird der Tempel im römisch-jüdischen Krieg dann zerstört.

Legendär, aber garantiert nur Legende ist der Besuch der Königin von Saba in Jerusalem (1Kö 10,1–13). Saba heißt zu jener Zeit ein wohlhabendes Königreich im Südwesten der arabischen Halbinsel, eine weibliche Herrschergestalt hat es dort aber nie gegeben.

Nach Salomos Tod bricht das bereits wackelige Großreich auseinander. Hauptstadt des Nordreichs Israel wird Samaria, Hauptstadt des Südreichs Juda bleibt Jerusalem.

Die Sprache der Weisheit und der Liebe

Im Umfeld von Salomos Königshof werden vermutlich wichtige Abschnitte des Alten Testaments niedergeschrieben: die Geschichten um den König David und große Teile der seit Jahrhunderten kursierenden Erzväter- und Exodusgeschichten. Salomo fördert auch die Wissenschaft seiner Zeit, die sogenannte Weisheit. Die besteht zunächst darin, Listen etwa von Pflanzen oder Tieren anzulegen. Aus der gesamten Region zwischen Mesopotamien und Ägypten sind solche Listen bekannt, sie finden sich auch in der Bibel.

Daneben beinhaltet Weisheit die Kunst, im Leben und im Gang der Dinge Harmonie und göttliche Ordnung zu finden und zu erkennen, wie man sich als Mensch innerhalb dieser Ordnung am besten verhält. Salomo selbst gilt als Inbegriff der Weisheit. Teile der biblischen Weisheitsbücher werden ihm zugeschrieben – dies aber wohl zu Unrecht.

Die biblischen Weisheitsbücher sind: Hiob, Sprüche Salomo, Prediger Salomo (Kohelet),

Hohelied Salomos, Weisheit Salomos (in griechischer Sprache abgefasst), Jesus Sirach. Auch manche Psalmen (etwa Ps 37, 49, 73) haben weisheitlichen Charakter.

Hiob, Ankläger Gottes

Diese Geschichte, die zwischen dem 6. und 2. Jh. v. Chr. niedergeschrieben wurde, gehört zur Weltliteratur: Hiob, ein gottesfürchtiger Mann, gesegnet mit Kindern und Reichtum, wird plötzlich krank, er verliert seinen Besitz und seine ganze Familie. Was er nicht weiß: Gott und der Teufel stellen ihn auf die Probe und schließen eine Wette darüber ab, ob Hiob wohl im Leid seine Frömmigkeit bewahren wird. Die ergreifendsten Texte des Hiobbuches sind die Klagen, in denen der verzweifelte Hiob Gott sein Leid förmlich vor die Füße schleudert. Wer denkt, zum Gottesglauben passt nur stilles Dulden, den belehren diese Texte eines anderen.

Schließlich antwortet Gott auf Hiobs Klagen: »Wer ist es, der den Ratschluss verdunkelt mit Gerede ohne Einsicht? Auf, gürte deine Lenden wie ein Mann: Ich will dich fragen, du belehre mich! Wo warst du, als ich die Erde gegründet? Sag es denn, wenn du Bescheid weißt« (Hi 38,2–3). Im Stil altorientalischer Naturbeschreibung gibt Gott sich als die ordnende Macht zu erkennen, die im Laufe eines langen Prozesses das Chaos bannt. Da unterwirft sich Hiob der Macht Gottes, auch wenn er sie nicht versteht. Und er wird dafür mit neuem Familienglück, Gesundheit und neuem Wohlstand gesegnet.

Wer heute das Hiobbuch liest, erkennt in den Klagen Hiobs die uralte und dennoch aktuelle Frage wieder, warum Gott das Leid zulässt. Ehrlicherweise muss man sagen, dass es auf diese Frage keine Antwort gibt, die den Verstand befriedigt. Auch die Antwort, die Hiob erhält, erreicht nicht die Verstandesebene. Es ist eine Antwort, deren Überzeugungskraft in der Begegnung mit Gott liegt – in der Erfahrung beispielsweise, bei allem Leid nicht allein gelassen zu sein. Im Neuen Testament setzt sich das Thema fort: Auch Jesu Tod an Kreuz ist keine rational schlüssige Antwort auf die Frage nach dem Sinn des Leidens. Das Kreuz entfaltet aber für den Fragenden in der Begegnung mit Gott Überzeugungskraft: Der Glaube findet Trost in der Gewissheit, dass Gott am Kreuz das Leid teilt.

Ein Liebeslied

Ebenfalls zur Weisheitsliteratur gehört das Hohelied, wörtlich »Das Lied der Lieder«. Dieses einzigartige Beispiel altorientalischer Liebeslyrik ist zwischen dem achten und dritten Jahrhundert v. Chr. entstanden und fälschlich Salomo zugeschrieben worden. Es erzählt, wie ein Mann und eine Frau einander suchen, finden und wieder verlieren. Die Bildsprache ist sehr erotisch, die Früchte des Orients stehen für die körperlichen Reize beider Geschlechter. Weil aber die Bibel als heiliges Buch eigentlich keine so weltlichen Texte enthalten durfte, hat man das Hohelied lange Zeit vorwiegend allegorisch gedeutet. Das heißt, man hat es auf die Liebesbeziehung zwischen Jesus und der Kirche als seiner Braut oder auf die Beziehung zwischen Gott und der Seele des Gläubigen bezogen.

Bedeutende Propheten

Die auf David und Salomo folgenden Jahrhunderte bringen im Norden wie im Süden ein Auf und Ab, das jeweils mit dem Ansturm einer feindlichen Großmacht und dem Untergang des betreffenden Teilstaates endet. Vor dem Hintergrund der ständigen außenpolitischen Bedrohung sind im Inneren Auseinandersetzungen zwischen Verfechtern des exklusiven Jahwe-Kultes einerseits und Multi-Kulti-Vertretern andererseits an der Tagesordnung. Multi-Kulti heißt zu jener Zeit, mehrere Religionen nebeneinander zu dulden, was aus Sicht der Jahwe-Anhänger Götzendienst ist. Nicht zuletzt einige Könige praktizieren aus Gründen der Staatsraison Multi-Kulti. Die Bibel, die konsequent den Standpunkt der Jahwe-Gläubigen vertritt, berichtet denn auch immer wieder von Propheten, die diesen Königen das Strafgericht Gottes ankündigen.

Die Propheten prangern aber nicht nur die religiöse Beliebigkeit an, sondern auch wirtschaftliche und soziale Ungerechtigkeiten. Amos zum Beispiel, der im achten Jahrhundert im Nordreich predigt und als erster biblischer Kapitalismuskritiker gelten kann: Er wirft der reichen Oberschicht ihre Dekadenz vor und prophezeit den baldigen Untergang in markigen Worten: »Wie ein Hirt aus dem Rachen des Löwen (von einem Schaf) nur zwei Wadenknochen rettet oder den Zipfel eines Ohres, so werden Israels Söhne gerettet, die in Samaria auf ihrem Diwan sitzen« (Am 3,12).

Untergang in Raten

Es bleibt tatsächlich nicht sehr viel übrig, als die Assyrer unter Salmanassar V. zuschlagen. 722/21 ist es mit dem Nordreich Israel vorbei. Die Führungsschicht wird großenteils verschleppt und durch Syrer ersetzt. Eineinhalb Jahrhunderte später, 586 v. Chr., annektieren die Babylonier, die inzwischen die Assyrer als Großmacht abgelöst haben, mit ihrem berüchtigten König Nebukadnezar das Südreich Juda, zerstören den Tempel in Jerusalem und entführen wiederum Teile der Bevölkerung – dies ist jetzt das berühmte Babylonische Exil. Es dauert bis 538 v. Chr.

Der Name Israel allerdings besteht weiter. Für die nächsten zwei Jahrtausende ist mit ihm das gesamte Volk Gottes gemeint. Israel ist eben nie nur ein bloßer Staatenname, sondern immer auch ein religiöser Ehrenname, wie 1Mo 32,29 belegt: Dort bekam der Erzvater Jakob nach einem Kampf mit Gott diesen Namen beigelegt, der so etwas wie »Gottesstreiter« bedeutet. Seit 1948 der Staat Israel gegründet wurde, muss man allerdings streng zwischen der historischen und religiösen Größe Israel und dem gleichnamigen heutigen Staat unterscheiden. Die Angehörigen des historischen, also des biblischen Volkes nennt man »Israeliten« und die Einwohner des heutigen Staates »Israelis«.

Jesaja – ein Mann glühender Worte

Natürlich treten im Vorfeld und während des Exils immer wieder Propheten auf, die das politische Geschehen als Strafe Jahwes für Israels Untreue werten. Jona etwa, der laut einer spät entstandenen Erzählung vorübergehend im Bauch eines Walfischs landet, weil er sich fürchtet, der Stadt Ninive Gottes Urteil zu überbringen.

Zu den bekanntesten Propheten gehört Jesaja. In einer Vision legt ihm ein Seraf, ein feuriger Engel, glühende Kohle auf den Mund, um ihn zu reinigen. Damit ist Jesaja zum Propheten berufen. Fortan wirkt er in Jerusalem und ganz Juda mehr als dreißig Jahre lang (736–701 v. Chr.). Er kritisiert die Bündnispolitik des Südens und beobachtet vom Südreich aus, wie der Norden unter dem Zugriff der Assyrer zusammenbricht. Nach innen prangert Jesaja soziale Missstände an. Denn längst bereichert sich eine selbstgefällige Elite auf Kosten der Bevölkerung.

Monotheismus

Heute weiß man, dass nur die Kapitel 1–39 des Jesajabuches auf Jesaja zurückgehen. Die Kapitel 40–55 entstammen der späteren Exilszeit nach dem Untergang des Südreichs 586 v. Chr. Die Forschung nennt diesen zweiten, anonymen Exilspropheten Deuterojesaja – zweiter

Jesaja. Er gilt als erster Verkünder des Monotheismus, also des Glaubens an einen einzigen Gott. Denn während die früheren Propheten immer die Alleinherrschaft und Alleinwirksamkeit Jahwes und die Machtlosigkeit der heidnischen Götter betonten, erklärt Deuterojesaja deren Existenz gleich ganz für null und nichtig: Jahwe ist der einzige überhaupt existierende Gott.

Von diesem Unbekannten stammen auch die sogenannten Gottesknechtslieder: Sie erzählen davon, wie ein Unschuldiger stellvertretend für alle die Strafe trägt: »Wie ein Lamm, das man zum Schlachten führt, und wie ein Schaf angesichts seiner Scherer, so tat auch er seinen Mund nicht auf« (Jes 53,7). Das Bild vom unschuldig leidenden Gottesknecht greift später auch Jesus auf und bezieht es auf sich selbst.

Jeremia – der leidende Prophet

Dieser große Prophet wird um 627/26 v. Chr. berufen. Wie Jesaja kritisiert auch Jeremia die Bündnispolitik Judas, das soziale Unrecht und die Gottlosigkeit der Menschen. Er ruft zur Umkehr auf und kündigt das Strafgericht Gottes an, das durch ein »Volk aus dem Norden« vollzogen werde. Gemeint sind die Babylonier. Sie nehmen Jerusalem 586 v. Chr. ein. Jeremia überlebt den Krieg und bleibt zunächst im Land. Nun findet er Worte des Trostes für sein geschundenes Volk: »Denn so spricht der Herr der Heere, der Gott Israels: Man wird wieder Häuser, Äcker und Weinberge kaufen in diesem Land« (Jer 32,15). Er verheißt einen neuen Bund zwischen Gott und seinem Volk, dessen Gesetz den Menschen ins Herz geschrieben sein wird. Jeremias Bekenntnisse, die sogenannten Konfessionen, zeigen: Viel stärker als andere leidet dieser Prophet unter seiner Berufung, denn er fühlt mit seinem Volk und wird doch wegen seiner mahnenden Worte von den Menschen angefeindet und misshandelt (Jer 20,1–2).

Hesekiel – Weissagung am Rande des Wahnsinns

Das Schicksal des Volkes im Babylonischen Exil teilt der Prophet Hesekiel (Ezechiel). 593 wird er im Exil zum Propheten berufen.

Auch Hesekiel verkündet zunächst das Gericht Gottes: Jahwe wird den Tempel und die Stadt Jerusalem verlassen, weil Israel ihm untreu geworden ist. Im Exil stärkt Hesekiel dann die Hoffnung: Gott will nicht, dass der Sünder stirbt.

Hesekiels Visionen gehen oft mit psychosomatischen Ausfällen einher: Ihm versagt die Sprache oder er ist gelähmt (Hes 3,25ff; 4,8). Zeitweise fühlt er sich bei seiner Schau innerlich nach Jerusalem versetzt. Ungewöhnlich ist auch die Geschichte seiner Berufung: Ausführlich beschreibt sie die Vision eines Thronwagens – es ist die Herrlichkeit Gottes, die dem Propheten förmlich die Sinne raubt (Hes 1,4–28).

Vom Exil bis zur Zeitenwende

Das Exil an den Flüssen von Babylon dauert einige Jahrzehnte. Während dieser Zeit fern der Heimat steigt die Bedeutung der Beschneidung und der Sabbatruhe: In der fremden Umgebung Mesopotamiens, wo die Beschneidung unbekannt ist, versichert sich das verschleppte Volk Israel auf diese Weise seiner Identität. Und es kommt in den Synagogen zusammen, um Gottesdienst zu feiern. Synagogen sind in der Diaspora Häuser der Gemeinschaft und des Gebetes und in der Heimat der Ersatz für den zerstörten Jerusalemer Tempel. Das Wort Diaspora meint den Lebensraum fern der Heimat. Es kommt vom gleich lautenden griechischen Begriff für Zerstreuung.

Der Hellenismus – das New Age der Antike

Im Jahr 333 v. Chr. schlägt Alexander der Große die Perser, er besetzt Palästina und Ägypten. Rund zweihundert Jahre nach dem Babylonischen Exil beginnt damit das sogenannte hellenistische Zeitalter. Eine Epoche, in der die Völker von Griechenland bis nach Indien, von Ägypten bis zum Schwarzen Meer unter der Vorherrschaft der Griechen eine Blüte ohnegleichen erleben. Wie so oft, verdankt sich auch diese Blüte der Vermischung vieler Elemente, die sich gegenseitig befruchten: in diesem Fall der griechischen und der orientalischen Kulturen in ihren verschiedensten regionalen Spielarten. Man kann den Hellenismus als Globalisierung im Kleinen bezeichnen – die Welt rund ums Mittelmeer und östlich davon rückt wirtschaftlich und geistig zusammen. Daran ändert sich auch nichts, als das Riesenimperium nach Alexanders Tod 323 v. Chr. in verschiedene Reiche zerbricht.

Während der hellenistischen Zeit entfalten sich die Wissenschaften. Und die Religion verändert sich, denn die Kulte und Glaubensüberzeugungen der von den Griechen unterworfenen Völker wirken auf die Eroberer zurück. Der Hellenismus, das ist die Zeit der aufgeheizten Heilserwartungen, der mysteriösen Kulte, ein antikes New Age, das viele spirituelle Lehrer hervorbringt – einer von ihnen, der berühmteste, wird Jesus Christus sein …

Ein Mann wie ein Hammer

Auch im Judentum gibt es hellenistische Strömungen, besonders unter den Juden, die außerhalb Palästinas leben. Aber auch in Palästina selbst gewinnt der Hellenismus an Einfluss, was sich unter anderem daran zeigt, dass die heiligen Schriften nun ins Griechische übertragen werden. Diese griechische Bibel der Juden heißt Septuaginta – vom lateinischen Wort für Siebzig. Nach einer Überlieferung aus dem dritten Jahrhundert v. Chr. sollen nämlich 72 Weise in aller Abgeschiedenheit die heiligen jüdischen Schriften gemeinsam ins Griechische übersetzt haben.

Der Hellenismus bringt Dinge, mit welchen sich die Gesetzestreuen unter den Juden nicht so recht anfreunden können. So kommt es im zweiten Jahrhundert v. Chr. zum blutigen Aufstand. Der Priester Mattatias und seine fünf Söhne führen ihn an. Einer der fünf ist Judas, der den Beinamen Makkabäus (Hammer) trägt. Er erringt mehrere Siege gegen die syrischen Heere, befreit den Tempel aus syrischer Hand und weiht ihn 165 v. Chr. neu, bevor er in einer weiteren Schlacht sein Leben lässt.

Die Makkabäer, die nach ihrer Herkunft auch Hasmonäer heißen, werden nun zu Priesterkönigen in Palästina. Unter ihnen erlebt Israel für ein Jahrhundert noch einmal nahezu Eigenstaatlichkeit. Dann stürzt das Land in einen Bürgerkrieg, was wieder einer feindlichen Großmacht Anlass gibt, einzumarschieren: die Römer. Sie machen den idumäischen (also nur halbjüdischen und damit aus jüdischer Sicht halbheidnischen) Herodes zum König von Juda. Als Vasall Roms regiert Herodes der Große in den Jahren 37 bis 4 v. Chr.

Herodes? Der Schreckliche aus dem Neuen Testament? Der mit dem Kindermord von Bethlehem? Genau! Wir sind im Neuen Testament angekommen, oder besser gesagt, in den Jahren der Zeitenwende, von »vor Christus« zu »nach Christus«.

Der Mann aus Nazareth

Die politische und religiöse Landschaft zur Zeit Jesu ist sehr vielfältig – und das spiegelt sich zum Teil auch in der Bibel wider. Eine besondere Rolle spielen hier die Pharisäer. Für sie ist vor allem eine strenge Befolgung der mosaischen Gesetze im Alltag wichtig. Im Neuen Testament werden sie so dargestellt, als ob sie vor lauter Frömmigkeit reichlich hartherzig geworden sind. Neuere Forschungen haben aber ergeben, dass Jesus durchaus den Pharisäern nahe gestanden haben könnte. Weil er in entscheidenden Punkten von ihnen abwich, wäre der ewige Clinch zwischen den Pharisäern und ihm erklärbar.

Für die Sadduzäer, eine andere Gruppe, ist hingegen vor allem derjenige fromm, der den Tempelkult unterstützt. Die asketisch gesinnten Essener wiederum verzichten auf Ehe und Privatbesitz und versuchen, die alttestamentlichen Reinheitsgebote aufs Genaueste zu befolgen. Im Übrigen rechnen sie mit dem baldigen Endgericht Gottes über die verderbte Welt und mit einem verklärten Weiterleben der Frommen danach. Diesen Glauben teilen auch Jesus und seine Jünger, wenngleich sie nie – wirklich niemals! – zu den Essenern gehört haben, ganz gleich, was Populärwissenschaftler unserer Tage immer wieder behaupten mögen. Im Übrigen ist auch nicht mal mehr sicher, ob es wirklich Essener waren, die in den berühmten Höhlen bei Qumran am Toten Meer gelebt haben, wo man zwischen 1947 und 1958 Schriftrollen mit Texten – auch alttestamentlichen – gefunden hat. Neueste Hypothesen besagen, die Ruinen hätten zu einer antiken Töpferei gehört, in der im Jüdischen Krieg 70 n. Chr. fliehende Jerusalemer Juden die Schriftrollen versteckt hätten.

Die letzte große religiöse Partei zur Zeit Jesu sind die Zeloten. Sie verbinden die Frömmigkeit mit politischem und sozialem Engagement und schüren mit ihrer militanten Vorgehensweise wiederholt Aufstände gegen die Besatzer. Natürlich erwarten auch sie das nahe Ende der Welt. Judas, der Jünger, der Jesus verraten hat, ist vermutlich ein Zelot gewesen. Sein Verrat könnte sich daraus erklären, dass Jesus seine politischen Hoffnungen enttäuschte.

Messiaserwartungen

Schließlich gibt es, nicht zu vergessen, das ganz normale Volk: Bauern, Tagelöhner, Fischer und Händler. Männer, Frauen und Kinder, die sich irgendwie durchschlagen müssen in dieser von rivalisierenden Gruppen und einer fremden Großmacht geprägten Welt. Menschen, die sich als Nachfahren der Erzväter und des glorreichen Davidischen Reiches begreifen. Mit der religiösen Inbrunst des hellenistischen Zeitalters warten sie darauf, dass jene alte Prophezeiung sich erfüllt, die der König David einst aus dem Mund des Propheten Nathan empfing und die in den heiligen Schriften überliefert ist: dass Gott aus dem Geschlecht Davids einen Herrscher erwecken wird, der Israel von seinen Feinden retten und es gerecht und weise regieren wird (2Sam 7,12–16). Dass Israel von den Römern besetzt ist, verstärkt die hoch gespannten Hoffnungen noch. Alle Nase lang treten falsche Propheten auf, die das messianische Zeitalter einläuten wollen. Sie locken massenhaft Gläubige in die Wüste oder an heilige Orte und verursachen auf diese Weise nicht selten ein Blutbad, weil den Römern angesichts solcher Unruhen das Schwert eher locker in der Scheide sitzt.

Jesu Weg von Galiläa nach Jerusalem

Jesus, der Zimmermannssohn aus Nazareth, wird also nicht nur sehnlich erwartet, als er endlich auftritt, er muss auch mit anderen konkurrieren, die sich ebenfalls als Heilsbringer sehen. Nach heutiger wissenschaftlicher Erkenntnis hat er sich übrigens selbst als Messias verstanden und nicht nur als religiöser Lehrer oder Prophet. Vier Bücher des Neuen Testaments berichten von Jesu Leben, Sterben und Auferweckung: die Evangelien. Drei von ihnen, die Evangelien des Matthäus, Markus und

Lukas, ordnen seine Wirksamkeit zeitlich und geografisch so, dass sich ein Weg von Galiläa im Norden bis nach Jerusalem im judäischen Süden ergibt. Nur das vierte, das Johannes-Evangelium, lässt Jesus schon früher auch in Judäa auftreten. Alle vier Evangelisten aber lassen den irdischen Weg Jesu in Jerusalem enden, dem Ort, wo Jesus schließlich gekreuzigt wird.

Unterwegs tut Jesus vor allem zweierlei: Erstens predigt er. Er verkündet, dass das Reich Gottes, die Königsherrschaft Gottes, nahe herbei gekommen ist. Und zweitens vollbringt er Wunder. Immer wieder betont er jedoch, nicht die Wunder seien das Entscheidende, sondern der Glaube an Gott. Jesus lehnt es auch ab, sich politisch zu betätigen, etwa als jüdischer Aufständischer gegen die Römer. Für ihn ist nicht das römische oder jüdische Reich wichtig, sondern das Reich Gottes. Er sieht dieses Reich mit seinem eigenen Kommen angebrochen und erwartet, dass es nach seinem Tod – und einer darauf folgenden kleinen Zwischenzeit – vollendet wird. Kurz gesagt, befinden wir uns nach christlichem

Glauben immer noch in dieser Zwischenzeit, weil der Auferstandene bislang nicht zurückgekehrt ist.

Und Weihnachten?

Die Geschichte von Jesu Geburt, wie wir sie an Weihnachten feiern, mit der Krippe, den Weisen aus dem Morgenland und dem bösen König Herodes, steht teils im Lukas-Evangelium (Lk 2,1–20) und teils im Matthäus-Evangelium (Mt 1,18–2,18). Sie wurde im Lauf der Jahrhunderte stark interpretiert. Beispielsweise stehen bei Lukas noch kein Ochse und Esel an der Krippe. Man hat sie in außerbiblischen Traditionen hinzugefügt, weil alttestamentliche Stellen (Jes 1,3) von ihnen erzählen. Die Weihnachtsgeschichte veranschaulicht sehr deutlich, worum es im ganzen Neuen Testament geht: dass Gott in Jesus Mensch geworden ist und als ganz normaler Mensch gelebt hat. Nur als Mensch, so sagt es der christliche Glaube, konnte Jesus das Schicksal der Menschen teilen und es gleichzeitig verändern – in Worten und Taten.

Taufe im Jordan

Jesus wirkt nicht während seines ganzen Lebens als Wanderprediger, sondern erst in seinen letzten Jahren. Am Beginn seines öffentlichen Auftretens steht Johannes der Täufer. Dieser Bußprediger warnt: Das Gericht Gottes steht unmittelbar bevor, Israel wird zugrunde gehen, wenn es nicht umkehrt und Buße tut, deren äußeres Zeichen die Taufe ist. Johannes vollzieht sie an den Reuewilligen im fließenden Wasser des Jordans. Sehr wahrscheinlich ist Jesus ein Schüler des Johannes gewesen, bevor er selbst beginnt, öffentlich aufzutreten. Auch er lässt sich von Johannes taufen und erlebt dies als einen besonderen Moment der Begegnung mit Gott. Die Bibel sagt: Er empfängt in der Taufe den Geist Gottes, den Heiligen Geist (Mt 3,13–17) und damit die Begabung, in Gottes Namen zu wirken. Die Taufe wird nach Jesu Tod und Auferstehung zum neuen Zeichen. Sie besiegelt fortan nicht nur die Buße des Täuflings, sondern vor allem seine Erlösung und Zugehörigkeit zur christlichen Gemeinde.

Teuflische Versuchung

Nach christlichem Glauben ist Jesus Christus sowohl Mensch als auch Gottessohn. Das heißt, er kennt Freude und Leiden, er empfindet Glück und Schmerz. Aber er kennt auch den größeren Zusammenhang, in dem sein eigenes Wirken steht: Er weiß sich von Gott ermächtigt, zu predigen und Wunder zu tun, und er nutzt diese einzigartige Verbindung mit Gott. Entsprechend groß ist der Anspruch, den Jesus an sich selbst stellt. Sein eigenes Reden und Handeln sollen klar erkennbare Anzeichen des nahenden Gottesreiches sein. Wie wenig dieses Selbstverständnis mit dem Ego-Trip eines Größenwahnsinnigen zu tun hat, zeigt sehr schön die Geschichte von der Versuchung in der Wüste (Mt 4,1–11; Mk 1,12–13; Lk 4,1–13). Jesus fastet vierzig Tage und Nächte hindurch. In diesem körperlich geschwächten Zustand, in dem der Geist ja offen ist für mancherlei, erscheint ihm der Teufel und bietet ihm zuerst Essen und dann Macht und Ruhm an, wenn er ihm dient. Doch Jesus lehnt ab.

Die Erfahrung zerstörerischer Kräfte in der Welt und im eigenen Inneren hat die Menschen schon früh zum Nachdenken über das Böse gebracht. Dieses wird in früheren Zeiten oft als Person dargestellt. Sie taucht im Alten Testament allerdings selten auf – nur in den jüngeren Schriften und gar nicht in der Schöpfungsgeschichte. Der hebräische Name des Bösen, Satan, bedeutet Widersacher, Ankläger. Das griechische Pendant lautet *diábolos* – Verleumder. Daher kommt auch das deutsche Wort Teufel. Im Neuen Testament trägt der Böse beide Namen. Er ist eine Instanz, die den Menschen zum Ungehorsam gegenüber Gott verführt und ihn dann bei Gott anklagt.

Seit der Aufklärung ist die Vorstellung einer Person, womöglich mit Hörnern und Pferdefuß, geschwunden. Manche heutige Theologen sehen im Bösen das Prinzip der Zerstörung, das Gegenteil des Lebens also. Oder sie betrachten es als Ausdruck der menschlichen Neigung, sich selbst zu schaden. Die Frage bleibt aber, warum das Böse überhaupt wirken kann. Sie ist eng verknüpft mit der Frage des Buches Hiob, warum

Gott das Leid zulässt. Und wie jene lässt sie sich aus christlicher Sicht nicht durch verstandesmäßige Argumente beantworten, sondern nur durch den Entschluss, trotz aller Zweifel an Gott festzuhalten.

Wunder über Wunder

Noch öfter begegnet Jesus dem Teufel. Beispielsweise dann, wenn er psychisch Kranke und Aussätzige heilt – nach damaligem Verständnis sind diese Menschen von einem bösen Geist besessen. Jesus ringt mit dem Bösen, versucht dessen Machtbereich zu beschneiden. Einmal beschreibt die Bibel sehr drastisch, wie die unreinen Geister, die einen Menschen besessen haben, nach ihrer Austreibung in eine Herde Schweine hineinfahren. Die Schweine stürzen sich in den See Genezareth und ersaufen (Mk 5,1–20).

Jesus heilt Lahme und andere Kranke, auch Aussätzige. Und er weckt Tote auf (Mk 5,21–43; Joh 10,40–11,57). Immer wieder betont er jedoch, nicht die Wundertaten an sich seien das

Entscheidende, sondern der Glaube desjenigen, dem sie widerfahren. Die Wunder sind für Jesus kein Selbstzweck, sondern momenthafte Einbrüche des nahen Gottesreiches ins Diesseits: So also, so wunderbar wird es sein, wenn Gottes Reich endgültig angebrochen ist. Krankheit und Tod werden keine Macht mehr haben, und Gott wird dafür sorgen, dass es an nichts mehr fehlt, wie bei der berühmten Speisung der Fünftausend (Mk 6,30–44). Wer aber nicht glaubt, der wird in Jesu Wundertaten nicht das erkennen, was gemeint ist, für den werden sie nur Hokuspokus sein.

Gleichnisse, Bergpredigt, Vaterunser

Bei all seinem Tun ist Jesus sich nicht zu schade, mit Außenseitern, wie etwa Zöllnern – als Handlanger Roms besonders verachtet – und Kranken, in Berührung zu kommen. Seine Jünger sind darüber wenig begeistert. Zwölf Männer beruft Jesus zu seinen Schülern. Der bekannteste ist Petrus, ein einfacher Fischer. Die Zahl Zwölf symbolisiert die zwölf Stämme Israels, die der

Messias nach jüdischem Glauben um den Zion versammeln wird. Neben dem engen Kreis der Zwölf gibt es eine stetig wachsende Anhängerschaft.

Bewusst spricht Jesus zu seinen Zuhörern in Beispielgeschichten, den Gleichnissen. Er schildert Vorgänge aus dem Alltag, um zu erklären, wie das Reich Gottes ist, verweist etwa darauf, dass ein bisschen Sauerteig genügt, um ein ganzes Brot genießbar zu machen. So ist es auch mit dem Himmelreich: Ein kleiner Impuls genügt, um die ganze Welt zu verändern. Oder aber: Was unscheinbar aussieht wie ein Senfkorn, bringt nachher doch die schönste und größte Pflanze hervor (Mt 13,31–33). Das bekannteste Gleichnis ist das vom verlorenen Sohn (Lk 15,11–32). Wie dieser Vater, der sich über die Rückkehr seines unzuverlässigen, genusssüchtigen Sohnes freut, so freut sich auch Gott über die Umkehr der Menschen.

Das sind nun wirklich neue Töne. Wo ist denn Israels eifersüchtiger Jahwe-Gott geblieben? Der zornige Herrschergott vom Sinai, der dem untreuen Volk durch Propheten wie Jesaja und Jeremia den Untergang androhen ließ? Doch auch diese Unheilspropheten haben ja immer ein fernes Heil verkündet, das eines Tages, am Ende allen Leides, kommen werde. An diese Heilszusagen knüpft Jesus an. Er erzählt den Menschen von der Liebe Gottes, die es allen ermöglicht, zu Gott zu kommen, ohne Vorleistung, nur mit dem Wunsch nach Versöhnung im Herzen. Das ist die zentrale Botschaft des Christentums geworden.

Besonders deutlich wird das Neue, das Jesus gebracht hat, in der Bergpredigt des Matthäus-Evangeliums (Mt 5-7). Die Predigt heißt so, weil Jesus sie laut Evangelium auf einem Berg in Galiläa hält. In acht Seligpreisungen verkündet er, wer zuerst zu Gott gehören wird: diejenigen, die sich Frieden wünschen, die Trauernden, Mitleidigen und Gemobbten. Nicht mehr kultische Einzelvorschriften sollen Maßstab des Handelns sein, sondern die Liebe und die Ehrlichkeit. Geliebt werden soll nicht nur der »Nächste«, sondern auch der »Feind«, und Unrecht soll nicht mit Gleichem vergolten werden.

Das neue respektvoll-vertraute Verhältnis der Menschen zu Gott, das Jesus begründet, fasst er in Gebetsworten zusammen, die berühmt geworden sind: im Vaterunser. Es ist zum zentralen Gebet des Christentums geworden, weil es sämtliche Lebensbereiche des Menschen anspricht: den Glauben und die Hoffnung auf das Sein bei Gott, die materielle Existenz, das Zusammenleben mit anderen und die Vergebung der Schuld, die man als Mensch unweigerlich trägt.

Der Weg ans Kreuz

Predigend und heilend begibt Jesus sich mit seinen Jüngern zum Passah-Fest nach Jerusalem. Er ahnt, welches Schicksal ihn dort erwartet. Im letzten Abendmahl mit seinen Jüngern bricht er das Brot als Sinnbild dafür, dass sein eigener Leib am Kreuz gebrochen werden wird: »Das ist mein Leib, der für euch hingegeben wird. Tut dies zu meinem Gedächtnis« (Lk 22,19b). Für die christlichen Kirchen ist daraus eine wichtige Weihehandlung geworden: Im Abendmahl, in der Eucharistie, erinnern sich die

Menschen an Jesu Hingabe. Ja, mehr noch: Ihre Gemeinschaft um den Altar verstehen sie als Gemeinschaft mit Jesus, den sie als Auferstandenen unter sich glauben.

Sein Wissen bewahrt Jesus nicht davor, große Angst vor dem Ende zu haben. In der Nacht seiner Verhaftung im Garten Gethsemane betet er, Gott möge ihn verschonen. Aber: »Nicht wie ich will, sondern wie du willst« (Mt 26,39). Die Jünger sind währenddessen in tiefen Schlaf gefallen. Dann erscheint Judas mit den Gefolgsleuten des Hohenpriesters. Er küsst Jesus und zeigt ihnen so, wen sie verhaften sollen. Jesus wird abgeführt. Es folgt ein Verhör vor dem Hohen Rat, der obersten politischen und religiösen Behörde der Juden. Hier bezeichnet Jesus sich als Messias, wohl wissend, dass damit sein Leben verwirkt ist, weil der Hohepriester es als Gotteslästerung auffassen muss. Man übergibt Jesus dem römischen Statthalter Pontius Pilatus. Der ahnt, dass Jesus kein Guerillakämpfer ist wie die anderen. Er bietet an, zum Passah-Fest einen Gefangenen freizulassen. Doch das Volk wählt nicht Jesus, sondern einen

Mann namens Barrabas. Nun muss Pilatus im Namen Roms das Urteil sprechen: Kreuzigung.

Golgatha

Die Kreuzigung ist eine besonders brutale, weil langsame Todesart. Jesus stirbt qualvoll auf dem Hügel, der Golgatha (Schädelhöhe) heißt. Ein Schild auf dem Kreuz trägt die Aufschrift »Jesus von Nazareth, König der Juden«. Damit ist der juristische Grund für seine Hinrichtung angegeben, wobei Pilatus »König« statt des jüdischen »Messias« schreiben lässt, damit der indirekte Angriff auf die römische Alleinherrschaft deutlicher hervortritt, zur Warnung für rebellisch gesinnte Juden.

Die Evangelien überliefern die letzten Worte, die Jesus am Kreuz gesprochen haben soll. Historisch wahrscheinlich ist sein Ausruf »Mein Gott, mein Gott, warum hast du mich verlassen« (Mk 15,34; Mt 27,46). Manche Theologen sehen in dieser Szene ein Bild der allertiefsten Gottverlassenheit und sagen, dass Jesus auf diese Weise wirklich in die tiefste Tiefe menschlichen Lebens und Leidens hinabgestiegen sei. Andere Forscher verweisen darauf, dass auch Psalm 22 mit diesem Ausruf beginnt – aber mit der Hoffnung auf Gottes Beistand endet. Hat Jesus in seinen letzten Minuten also einen heiligen Text zitiert? Auch das wäre möglich.

Ostern, ein Trost und eine neue Erkenntnis

Jesus hat sich nicht gegen den Schmerz aufgelehnt, den er kommen sah. Damit hat er den strahlenden Helden, als den das Volk Israel den Messias erwartet hatte, uminterpretiert: Aus christlicher Sicht ist der Messias der Knecht Gottes, der durch sein Leiden und Sterben die Menschen in ihrem eigenen Leid tröstet und mit Gott versöhnt. So interpretieren nun auch die Jünger sein Ende. Es muss ein Schock für sie gewesen sein: Der Meister ist tot, elend am Kreuz verreckt! Und keine göttliche Hand hat vom Himmel her eingegriffen, um ihn zu retten, um die Römer und das jüdische Priester-Establishment zu zermalmen. Die Jünger verkriechen sich, sie sind verzweifelt und fürchten, selbst verfolgt zu werden.

Doch dann erkennen sie den tröstlichen Sinn, der in Jesu Leiden und Sterben liegt. Sie begreifen, wie Jesus seine Aufgabe als Messias gesehen und ernst genommen hat. Und sie machen eine neue religiöse Erfahrung: In ihren vom Glauben erfüllten Visionen begegnen sie ihrem Herrn wieder. Der Karfreitag liegt hinter ihnen, nun ist Ostern.

Das Johannes-Evangelium lässt zuerst Maria Magdalena und andere Frauen Jesus bei dem leeren Grab sehen (Joh 20,11–18). Bei Lukas begleitet Jesus als unerkannter Fremder zwei Jünger nach Emmaus und gibt sich ihnen zu erkennen (Lk 24,13–35). Wie ein Lauffeuer macht es die Runde: »Der Herr ist wirklich auferstanden« (Lk 24,34). Später wird der Auferstandene seinen Jüngern noch einmal erscheinen, bevor er zu Gott zurückkehrt. Er wird sie in die Welt aussenden, um die frohe Botschaft von Tod und Auferweckung des Gottessohnes und von dem Heil zu verbreiten, welches dies für alle Menschen bedeutet (Mk 16,15–18; Mt 28,16–20; Joh 20,19–23). Fortan verkünden die Jünger Jesu Christi Auferstehung und Wiederkunft am Ende der Zeiten. Das Christentum ist geboren.

Datierungsfragen

Dass es den historischen Jesus wirklich gegeben hat, ist nahezu sicher. Er taucht nämlich nicht nur in christlichen Schriften auf, sondern auch bei neutralen Zeugen wie dem jüdischen Historiker Josephus (37/38 n. Chr. – nach 100 n. Chr.). Aber wie ist sein Leben zu datieren? Traditionell beginnt mit Jesu Geburt die neue Zeitzählung – demnach müsste Jesus im Jahr Null geboren sein. Aber das ist nicht zu überprüfen und sogar eher unwahrscheinlich. So merkwürdig es klingt: Jesus wird irgendwann zwischen 6 und 4 v. Chr. geboren, während der letzten Regierungsjahre von Herodes. Und sein Tod fällt in die Amtszeit von Pontius Pilatus, der von 26 bis 36 n. Chr. römischer Statthalter in Judäa gewesen ist.

Die Evangelien

Die ersten Christen sind gebürtige Juden. Die meisten von ihnen stammen aus Palästina. Aber auch immer mehr Juden aus der Diaspora schließen sich der kleinen Jerusalemer Christengemeinde an. Die Christusgläubigen versammeln sich zunächst weiter im Jerusalemer Tempel und berichten dort von ihren unglaublichen Erfahrungen. Nichts liegt ihnen ferner, als sich aus dem Judentum zu verabschieden. Doch bei der Mitbevölkerung stoßen sie nicht auf Gegenliebe. Zu behaupten, dieser am Kreuz gestorbene Jesus sei der Messias und auferstanden, das empfinden die meisten Juden als Gotteslästerung. So kommt es zu den ersten Christenverfolgungen. Die Betroffenen fliehen – und auf diese Weise wird der Christusglaube schnell rund um das östliche Mittelmeer getragen. Er erreicht nun auch Griechen und Römer, also Menschen, die niemals zum Judentum und zu Jesu Kulturkreis gehört haben. Das hat ungeahnte Folgen. Wäre es auf Palästina und das jüdische Volk beschränkt geblieben, so hätte das Christentum niemals mehr werden können als eine bedeutungslose jüdische Splittergruppe. Doch es wird – vor allem durch die Mission des Apostels Paulus, auf den wir noch zu sprechen kommen – rasch international und damit überlebensfähig.

Wer schreibt, der bleibt

Schnell entsteht das Bedürfnis, den christlichen Glauben niederzuschreiben: Worte von Jesus, an die sich die Jünger erinnern, aber auch die gemeinsamen Glaubensbekenntnisse, die von seiner Auferstehung berichten, werden festgehalten, nicht zuletzt, um im Gottesdienst vorgelesen zu werden. Noch sind es keine kompletten Bücher, die da entstehen, sondern einzelne Spruchsammlungen und kurze Texte. Aus ihnen bilden sich bis zum Anfang des zweiten Jahrhunderts nach und nach jene Schriften heraus, die wir als Neues Testament kennen.

In der Bibel kommen die Evangelien vor den Apostelbriefen, aber entstanden sind sie in umgekehrter Reihenfolge. Im Folgenden halten wir uns, wie bisher auch, an die Reihenfolge, in der die Schriften in der Bibel stehen. Denn auch wenn sie später verfasst wurden als die Apostelbriefe, handeln die Evangelien inhaltlich doch von dem, was zeitlich früher liegt: dem Wirken Jesu, seinem Sterben und Auferstehen.

Die gute Nachricht

Evangelium – gute Nachricht, gute Botschaft, so lautet die wörtliche Übersetzung dieses Begriffs. Streng genommen meint das Wort zweierlei: erstens und ursprünglich die gute Nachricht von Jesus an sich, also die frohe Botschaft. So wird das Wort verwendet, wenn man sagt: Sie verkündeten das Evangelium. Und zweitens sind damit die vier ersten Bücher des Neuen Testamentes gemeint. Der Inhalt der Bücher, nämlich die frohe Botschaft, hat auf diese Weise einer ganzen literarischen Gattung den Namen gegeben.

Die vier biblischen Evangelien heißen »nach« Matthäus, Markus, Lukas und Johannes. Laut Überlieferung sind Matthäus und Johannes die gleichnamigen Jünger Jesu gewesen, also Augenzeugen seines Lebens. Die beiden anderen, Markus und Lukas, werden als Schüler von Aposteln bezeichnet. Ob diese vier wirklich die Verfasser der biblischen Evangelien sind, ist fraglich, aber der Einfachheit halber nennen wir sie im Folgenden mit ihren überlieferten Namen.

Neben den vier genannten Evangelien gibt es einige weitere, die aber nicht in die Bibel aufgenommen worden sind, beispielsweise das Thomas-Evangelium. Diese angeblich geheimen Schriften bieten allerdings nichts, was das Wissen über Jesus und seine Jünger, wie es die biblischen Evangelien vermitteln, wesentlich ergänzen oder gar revolutionieren würde.

Die drei Synoptiker

Synoptisch bedeutet: zusammen gesehen, gleichzeitig gesehen. Eine Synopse stellt vergleichbare Texte so in Spalten nebeneinander, dass Parallelen zwischen diesen Texten besonders gut auffallen. Mit dreien der vier biblischen Evangelien lässt sich das hervorragend machen: mit Matthäus, Markus und Lukas. Sie heißen deshalb die Synoptiker, während Johannes, der vierte, äußerlich und inhaltlich etwas aus der Reihe fällt.

Das älteste der synoptischen ist das Markus-Evangelium. Es ist in Rom, eventuell aber auch in Syrien entstanden und richtet sich an alle Christen. Das erkennt man daran, dass der unbekannte Verfasser seinen Lesern aramäische Ausdrücke und jüdische Bräuche erklärt. Aramäisch war die Sprache in Palästina zur Zeit Jesu. Das Neue Testament selbst ist durchweg in hellenistischem Griechisch verfasst – das war seinerzeit die Weltsprache rund ums Mittelmeer.

Das Matthäus-Evangelium ist vermutlich in der ersten Hälfte der achtziger Jahre in Syrien entstanden. Es betont stark, dass mit Jesus derjenige gekommen ist, den die Propheten immer wieder angekündigt haben – der wahre Ausleger und Vollender des Alten Testaments. Das lässt an eine Herkunft aus christlichen Kreisen schließen, die ursprünglich im Judentum verwurzelt waren (sogenannte »Judenchristen«).

Das Lukas-Evangelium ist zwischen 80 und 100 n. Chr. entstanden. Es richtet sich an Christen ohne jüdische Vergangenheit (sogenannte »Heidenchristen«), betont aber die Herkunft Jesu aus dem Judentum: Jesu Lebenszeit wird als »Mitte der Zeit« geschildert, eingerahmt von der Zeit des Alten Testaments nach der einen und der Zeit der Kirche nach der anderen Seite. Letztere wird in der Apostelgeschichte dargestellt, die vom selben Verfasser stammt. Dieses Zeiten-Modell soll erklären, warum der Auferstandene immer noch nicht wiedergekehrt ist (sogenannte »Parusieverzögerung«). Auffällig ist die soziale Ausrichtung des Lukas-Evangeliums: Es betont stark die Liebe Jesu zu den Armen.

Die Verfasser des Matthäus- und des Lukas-Evangeliums hatten beide das Markus-Evangelium vorliegen – sehr deutlich sind ihre Übereinstimmungen mit diesem. Daneben griffen beide auf eine zweite Quelle zurück, eine namenlose

Sammlung mit Sprüchen Jesu, die Reden- oder auch Logienquelle (von *logos* – Wort) genannt wird, eine der bestgesicherten Theorien zur Entstehung des Neuen Testaments. So besagt es die Zweiquellentheorie.

Das Johannes-Evangelium

Deutlich anders ist das Johannes-Evangelium, das, wie die drei Johannes-Briefe, vermutlich um 100 n. Chr. geschrieben wurde. Wie bei den Synoptikern tut Jesus Wunder und predigt. Letzteres jedoch in weit größerem Ausmaß. Äußerte sich Jesus bei den anderen Evangelisten in kurzen Gleichnissen und markanten Sprüchen, so erklärt er hier in langen Reden und philosophischen Gesprächen, wer er selbst ist. Dass man an die Gottessohnschaft Jesu glauben müsse, ist das große Thema dieses Evangeliums. Ja, hier ist Jesus, der Messias, sogar schon bei der Schöpfung dabei. Als Gottes ureigenes Wort hat er die Welt ins Leben gerufen.

Ein streitbarer Theologe

Vor allem der Apostel Paulus ist es, der für die Verbreitung des Christentums unter den Nichtjuden sorgt. Er befürwortet nämlich die Missionierung auch der Nichtjuden – also der »Heiden«. Nach einer Vision (Apg 10,15) ist dann auch sein Kollege Petrus davon überzeugt. Petrus ist ein Urgestein der Jerusalemer Gemeinde: »Du bist Petrus, und auf diesen Felsen werde ich meine Kirche bauen«, sagt Jesus laut Matthäus-Evangelium zu ihm (Mt 16,18). Auf den Apostel Petrus und seine Vorrangstellung als »Felsen« der Kirche beruft sich bis heute der Papst, der als Bischof von Rom ranghöchster unter allen Bischöfen ist. Weil Petrus als erster Bischof von Rom gilt, versteht sich der Papst in seiner direkten Nachfolge, weshalb der Papstthron auch »Stuhl Petri« genannt wird.

Von Saulus zu Paulus

Paulus selbst, als Saulus in Tarsus in der heutigen Südosttürkei geboren, war ein Pharisäer in Jerusalem und wandelte sich schließlich nach einem Bekehrungserlebnis, bei dem er vorübergehend geblendet wurde, vom Christenverfolger zum Gläubigen. Fortan nannte er sich Paulus. Die dramatische Bekehrung, die allgemein auf das Jahr 33 n. Chr. datiert wird, findet sich gleich dreimal in der Apostelgeschichte (Apg 9,1-22; 22,1-21; 26,9-20). In seinen Briefen nimmt Paulus häufig auf sie Bezug, denn sie dient ihm zur Legitimation: Ich, Paulus, bin Apostel Jesu Christi, berufen durch eine Vision vor Damaskus und daher ebenso berechtigt, das Evangelium zu verkünden wie die Jünger in Jerusalem, die dem irdischen Jesus gefolgt sind.

Wir kennen Paulus vor allem aus den Briefen, die er zwischen 48 und 62 n. Chr. an verschiedene christliche Gemeinden in Kleinasien, Griechenland und Rom schreibt. Jedoch stammen nicht alle Paulusbriefe, die im Neuen Testament stehen, wirklich von seiner Hand. Manche sind auch später geschrieben worden, unter seinem Namen, weil dieser so große Autorität besitzt. Als echt, also von Paulus persönlich verfasst, gelten: der Brief an die Römer, der erste und zweite Brief an die Korinther, der Brief an die Galater, der an die Philipper, der erste Brief an die Thessalonicher und das Schreiben an Philemon.

Die meisten echten Paulusbriefe sind an Gemeinden gerichtet und behandeln aktuelle Themen, die dringend der Klärung bedürfen. Manche der echten und unechten Briefe lassen erkennen, dass Paulus im Gefängnis sitzt, während er sie schreibt: der Epheser-, Philipper-, Kolosser- und der Philemonbrief. Das entspricht der Realität, denn der Apostel hat seine Mission mit Gefangenschaften, Misshandlungen und zuletzt mit dem Tod bezahlt.

Nach seiner Bekehrung verbringt Paulus viele Jahre in Arabien, in Syrien und in seiner Heimat. Mehrfach besucht er Jerusalem, trifft sich mit den Ältesten der dortigen Gemeinde. Zusammen mit Barnabas unternimmt er 46/47 n. Chr. eine erste Missionsreise durch das östliche Kleinasien. 48 n. Chr. besucht er das Apostelkonzil in Jerusalem, wo beschlossen wird, dass bekehrte Nichtjuden (»Heiden«) nicht die jüdischen Reinheitsgebote einhalten müssen, um Christen sein zu dürfen. Nun kann die Heidenmission in großem Stil beginnen. Auf zwei weiteren Missionsreisen 49–51 n. Chr. und 53–57 n. Chr. bekehrt Paulus in Kleinasien (dem heutigen Anatolien) und in Griechenland viele Menschen. Zuletzt beschließt er, von Jerusalem aus nach Rom und von dort weiter nach Spanien zu reisen, also bis ans Ende der damals bekannten Welt. Dazu kommt es jedoch nicht. Denn noch in Jerusalem wird Paulus als vermeintlicher jüdischer Fanatiker festgenommen. Als römischer Bürger darf er sich vor dem kaiserlichen Gericht in Rom verteidigen, wohin er auf einer abenteuerlichen Seereise – inklusive Schiffbruch vor Malta – gebracht wird (Apg 27-28). Ob der Apostel in Rom zuletzt freigesprochen wird, ist unbekannt. Ältesten kirchlichen Überlieferungen zufolge stirbt er ca. 64 n. Chr., wie übrigens Petrus auch, unter Nero den Märtyrertod.

Der erste Theologe des Christentums

Wenn man das Christentum verstehen will, führt an Paulus kein Weg vorbei. Er macht das Christentum universal, für alle begreiflich. Erinnern wir uns: Jesus hat mit seinen Worten und Taten, mit seinem Leben und Sterben eine neue Beziehung der Menschen zu Gott ermöglicht. Und der Auferstehungsglaube zeigt: Jesu Botschaft ist angekommen. Paulus sorgt nun dafür, dass diese neue Gottesbeziehung auch für diejenigen möglich und attraktiv wird, die nie in Palästina gewesen sind und die weder den irdischen Jesus noch die jüdische Frömmigkeit jemals kennengelernt haben. Paulus bringt auf den Punkt, worauf es ankommt: auf den Kreuzestod und die Auferstehung Jesu Christi – und auf den Glauben an beides. Nur über diesen Glauben führt der Weg zu Gott, das sagt Paulus unnachahmlich deutlich. Deshalb wird er auch der erste Theologe des Christentums genannt.

Falsch wäre es, sich unter diesem Theologen einen vergeistigten Kopfmenschen vorzustellen. Paulus ist ein glänzender Denker, aber ebenso sehr Bauch- wie Kopfmensch. Er kann durchaus emotional werden und wahrt nicht immer den diplomatischen Ton. Vielleicht hängt das auch mit seiner Körperbehinderung zusammen, von der man nicht genau weiß, was es gewesen ist – Paulus selbst nennt die Behinderung den Stachel in seinem Fleisch und sieht sie als Fluch Satans (2Kor 12,7). Das ist nichts Besonderes, sondern entspricht dem damaligen Verständnis von Krankheit. Mehrfach, so gesteht er, habe er Gott gebeten, diese Krankheit von ihm zu nehmen. Aber Gott habe ihm geantwortet, dass gerade in dieser körperlichen Schwachheit sich die Gnade zeige, die dem Paulus geschenkt sei. »Deswegen bejahe ich meine Ohnmacht, alle Misshandlungen und Nöte, Verfolgungen und Ängste, die ich für Christus ertrage; denn wenn ich schwach bin, dann bin ich stark« (2Kor 12,10) – eine typisch paulinische Schlussfolgerung nach dem Motto »Jetzt erst recht«.

In seinem Brief an die Galater entfaltet Paulus seine Theologie: Gerettet werden wir, indem wir an Jesus Christus glauben, also durch das Evangelium, und nicht, indem wir uns an das Gesetz halten, das die Juden einst auf ihrer Wüstenwanderung bekommen haben. Das Gesetz zeigt uns ja immer wieder, dass wir Sünder sind, weil wir es einfach nicht schaffen, es zu halten. Jesus aber bringt uns durch seinen Tod und die Auferstehung die Gerechtigkeit, die wir aus eigenen Kräften nicht erreichen. Deshalb sollen wir uns ab sofort an ihn halten und nicht ans Gesetz. Wenn wir an ihn glauben, dann sind wir wirklich mit Gott versöhnt, wir sind in Gottes Augen gerecht. Diese etwas komplizierte Schlüsselformel von der »Gerechtigkeit allein aus Glauben« wird viele Jahrhunderte später Martin Luther inspirieren, den wichtigsten Begründer des Protestantismus.

Paulus, der Frauenfeind?

Das Weib schweige in der Gemeinde« – mit Sprüchen wie diesem (1Kor 14,34) hat Paulus es für manche zum Frauenfeind Nummer eins gebracht. Tatsächlich lässt sich nicht bestreiten, dass er – wie übrigens die ganze Bibel – ein patriarchales Gesellschaftsbild pflegt. Man darf aber nicht vergessen, dass dies das gängige Modell der damaligen Zeit gewesen ist. Sobald man annimmt, dass die Bibel über Jahrhunderte hinweg von Menschen geschrieben worden ist, muss man ihr auch zugestehen, dass manches darin steht, was aus heutiger Sicht nicht mehr haltbar ist. Zum Beispiel steht im Alten Testament auch, dass der Hase ein Wiederkäuer sei (3Mo 11,6) – da hatte einfach jemand das Mümmeln falsch interpretiert. Aber die Bibel will ja weder ein naturwissenschaftliches noch ein soziologisches Buch sein. Sie will beim Wort genommen werden, wo es um die Beziehung des Menschen zu Gott geht. Und da sind dann alle Menschen gleich, für Paulus wie für das ganze Christentum: »Doch im Herrn gibt es weder die Frau ohne den Mann noch den Mann ohne die Frau« (1Kor 11,11). Insofern hat das Christentum in der damaligen, von Geschlechter- und Standesunterschieden geprägten Gesellschaft sogar eine vergleichsweise emanzipatorische Wirkung gehabt: Im Glauben steht der Sklave nicht mehr unter seinem Besitzer, alle sind gleich. Und jeder trägt zum Leben der Gemeinde bei, was er kann. Denn auch das ist typisch Paulus: »Es gibt verschiedene Gnadengaben, aber nur den einen Geist. Es gibt verschiedene Dienste, aber nur den einen Herrn. Es gibt verschiedene Kräfte, die wirken, aber nur den einen Gott: Er bewirkt alles in allen« (1Kor 12,4–6).

Weibliche Bibelauslegung

In der Bibel kommen Frauen nicht nur zahlreich vor, sie spielen oft auch eine wichtige Rolle, von den Ehefrauen der Erzväter über die Prophetinnen bis hin zu den Frauen um Jesus und in der Urgemeinde. Aber weil sie aus männlicher Sicht geschrieben ist, vermittelt die Bibel auf den ersten Blick die männliche Bewertung der Ereignisse. Jahrhundertelang wurde dies gar nicht in Frage gestellt. Erst seitdem sich die Frauen in der Gesellschaft dieselben Rechte wie die Männer erkämpft haben, wird auch eine andere Art der Auslegung praktiziert: Viele biblische Frauengestalten werden als Vorbilder gesehen, weil sie, gerade in einer von Männern dominierten Welt, doch ihren eigenen Weg gehen. Und man liest die Texte »gegen den Strich«: Man betrachtet sie als historische Quellen, die mehr über die damalige Situation verraten, als sie selbst beabsichtigen. Wenn beispielsweise Paulus in 1Kor 14,34 fordert, das Weib möge in der Gemeinde schweigen, so hatte es in seinem Umfeld offensichtlich Frauen gegeben, die das nicht taten.

Wie es weitergeht

Es dauert mehrere Jahrhunderte, bis das junge Christentum, dessen Anfänge sich im Neuen Testament widerspiegeln, anerkannt und schließlich sogar zur offiziellen Staatsreligion wird. Jahrhunderte, in denen die Gläubigen oft systematisch verfolgt werden, wie schon unter Nero. Die römischen Kaiser beanspruchen selbst göttliche Würde, daher sind ihnen die Christusanhänger verdächtig, die sich weigern, einen anderen Gott außer ihrem eigenen anzubeten. Außerdem nutzen die Herrscher in Rom und später in Konstantinopel die Christen gern als Sündenböcke, wenn im Reich etwas schiefläuft.

Apokalyptische Visionen

In solchen Zeiten der Bedrängnis flammt unter den Christen die alte Hoffnung auf ein baldiges Ende der Zeiten wieder auf. Die Apokalypsen entstehen, Offenbarungsschriften, die von endzeitlichen Visionen berichten. In die Bibel wurde eine dieser Schriften aufgenommen, die Offenbarung des Johannes. Sie schildert in starken Bildern die Ereignisse der Endzeit als letzte Auseinandersetzung zwischen Gottes Sohn und dem Teufel, die mit dem Anbruch des Gottesreiches entschieden werden wird. So will sie die bedrängten Christen zum Aushalten ermutigen.

Entstanden ist die Apokalypse des Johannes während der Verfolgung unter Kaiser Domitian um die Mitte der neunziger Jahre, also rund dreißig Jahre nach dem Tod des Apostels Paulus. Ihr Verfasser nennt sich Johannes, doch weiß man heute, dass er nicht mit dem Urheber des Johannes-Evangeliums und der Johannesbriefe identisch ist.

Der Kanon entsteht

Die Entscheidung darüber, was alles zur Bibel gehören darf, vollzieht sich als Prozess. Um die Mitte des zweiten nachchristlichen Jahrhunderts gelten die vier Evangelien als Heilige Schrift, noch einmal fünfzig Jahre später kommen die Briefe des Paulus und weitere Apostelbriefe dazu – so erklärt sich auch die Reihenfolge, in der die Texte heute im Neuen Testament stehen. Gegen Anfang des dritten Jahrhunderts n. Chr. ist die Sammlung abgeschlossen.

Tempo machen der jungen Kirche dabei die Abweichler, die anderes verkünden als das, was die Mehrheit der maßgeblichen Kirchenlehrer für richtig hält. Um diesen Abweichlern etwas Verbindliches entgegenzustellen, beschleunigt man das Auswahlverfahren, auch wenn manche Apostelbriefe sowie die Offenbarung des Johannes noch länger umstritten bleiben. 27 Schriften sind es schließlich, die zum Neuen Testament gerechnet werden. Erst im siebten Jahrhundert n. Chr. wird dieser sogenannte Kanon in allen Teilen der damals christlichen Welt als Richtschnur anerkannt. Er gilt noch heute in den christlichen Kirchen. Kanon heißt Maß, Richtschnur und kommt vom hebräischen *qanoeh* – Rohr, Messrohr.

Die frühen Christen übernehmen außerdem die heiligen Schriften des Judentums und nennen sie das »Alte Testament«. Diese Schriften liegen nicht nur auf Hebräisch vor, sondern schon früh auch auf Griechisch (die bereits erwähnte Septuaginta) und auf Lateinisch (in Gestalt der ca. 400 n. Chr. entstandenen Vulgata). Alle drei Versionen haben unterschiedliche Umfänge. Woran sich also halten? Die katholische Kirche hat sich für die *Extended Version* (Septuaginta) entschieden, die evangelischen Kirchen für die knappere Ausgabe, die dem hebräischen Kanon folgt. Den Überhang nennen die Protestanten Apokryphen – verborgene Schriften. Die katholische Bibel führt die Apokryphen in die Reihe der alttestamentlichen Schriften eingeordnet auf. Die evangelische Bibel bringt sie, falls überhaupt, zwischen Altem und Neuem Testament.

Die Bibel und die Wissenschaft

Der Umfang der Bibel ist zwar abgeschlossen, aber ihre Sprache verändert sich durch immer neue Übersetzungen immer wieder. Martin Luther hat im sechzehnten Jahrhundert die erste große deutsche Übersetzung herausgebracht. Seither sind viele andere gefolgt. Bis heute versucht man dieses Buch immer wieder in die zeitgenössische Sprache zu übertragen und sich dabei doch möglichst genau an den überlieferten Wortlaut zu halten.

Zudem hat sich im Lauf der Jahrhunderte eine ganze Wissenschaft von der Bibel entwickelt. Sie beschäftigt sich mit dem komplizierten Entstehungsprozess der Heiligen Schrift. Denn die biblischen Texte sind ein wenig wie die russischen Puppen, die Matroschkas: In der Puppe ist immer noch eine kleinere Puppe. Und manchmal stecken in einer großen Puppe gleich mehrere kleine nebeneinander. Die Wissenschaft, die dabei hilft, diese einzelnen Puppen, also die Texte, aus dem großen Ganzen herauszulösen, heißt »Literarkritik«. Ein anderer Forschungszweig beschäftigt sich damit, die Geschichte der einzelnen Stoffe und Motive zu ergründen, auch im Blick auf außerbiblische Parallelen. Wieder eine andere Richtung fragt nach der Funktion des jeweiligen Textes im Umfeld seiner Entstehung:

War er für die Liturgie gedacht, für die Verkündigung, für die Lehre?

Jedoch – warum macht man das eigentlich? Warum analysiert man dieses wunderbare, große Werk? Man tut es aus folgendem Grund: Wenn es verschiedene Leute oder aber Gruppen waren, welche zu unterschiedlichen Zeiten und an vielen Orten an der Bibel mitgeschrieben haben, dann hatten die auch jeweils verschiedene Ideen über Gott und die Welt. Ihre Ideen haben sie natürlich in die Texte hineingelegt, bewusst und unbewusst. Wenn man sich nun heute bei der Bibellektüre seine eigenen Gedanken macht, ist es nur gut, zu erkennen und im Hinterkopf zu behalten, welche Ideen das jeweils waren, um Wichtiges von Unwichtigem zu unterscheiden, um den Glauben von zeitgebundenen Aussagen zu trennen.

Ein solches Vorgehen kann wehtun. Denn es gilt damit Abschied zu nehmen von der Vorstellung, die Bibel – und auch die meisten Bücher in ihr – seien aus einem Guss. Auf einmal wird alles so menschlich, so normal. Die Bibel, ein Buch wie alle anderen? Einerseits ja. Aber andererseits ist sie doch auch ein besonderes Buch, weil sie ein so unerhört vielstimmiges Glaubenszeugnis ist, wie ein riesiger Sprechchor. Ein solches Werk lässt niemanden kalt, mag er selbst gläubig sein oder nicht.

Verzeichnis der biblischen Bücher und ihrer Abkürzungen

Die Reihenfolge entspricht derjenigen der Einheitsübersetzung. Die Apokryphen sind durch (A) gekennzeichnet.

Altes Testament

1Mo	1. Mose (Genesis)
2Mo	2. Mose (Exodus)
3Mo	3. Mose (Leviticus)
4Mo	4. Mose (Numeri)
5Mo	5. Mose (Deuteronomium)
Jos	Josua
Ri	Richter
Rut	Rut
1Sam	1. Samuel
2Sam	2. Samuel
1Kö	1. Könige
2Kö	2. Könige
1Chr	1. Buch der Chronik
2Chr	2. Buch der Chronik
Esr	Esra
Neh	Nehemia
Tob	Tobit (A)
Jdt	Judit (A)
Est	Ester (A: Est 10,3a–31)
1Makk	1. Makkabäer (A)
2Makk	2. Makkabäer (A)
Hi	Hiob
Ps	Psalmen
Spr	Sprüche Salomos
Pr	Prediger Salomo (Kohelet)
Hhld	Hohelied Salomos
Wsh	Weisheit Salomos (A)
Sir	Jesus Sirach (A)
Jes	Jesaja
Jer	Jeremia
Klgl	Klagelieder
Bar	Baruch (A)
Hes	Hesekiel (Ezechiel)
Dan	Daniel (A: Dan 13–14)
Hos	Hosea
Jo	Joël
Am	Amos
Ob	Obadja

Jon	Jona	Eph	Epheserbrief
Mi	Micha	Phil	Philipperbrief
Nah	Nahum	Kol	Kolosserbrief
Hab	Habakuk	1Thess	1. Thessalonicherbrief
Zeph	Zephanja	2Thess	2. Thessalonicherbrief
Hag	Haggai		
Sach	Sacharja	1Tim	1. Timotheusbrief
Mal	Maleachi	2Tim	2. Timotheusbrief

Neues Testament

Mt	Matthäus-Evangelium	Tit	Titusbrief
		Phlm	Philemonbrief
Mk	Markus-Evangelium	Hebr	Hebräerbrief
		Jak	Jakobusbrief
Lk	Lukas-Evangelium	1Petr	1. Petrusbrief
Joh	Johannes-Evangelium	2Petr	2. Petrusbrief
		1Joh	1. Johannesbrief
		2Joh	2. Johannesbrief
Apg	Apostelgeschichte	3Joh	3. Johannesbrief
Rö	Römerbrief	Jud	Judasbrief
1Kor	1. Korintherbrief	Apk	Johannes-Apokalypse (Offenbarung)
2Kor	2. Korintherbrief		
Gal	Galaterbrief		

Die Bibelzitate entstammen der Einheitsübersetzung, die von den katholischen deutschsprachigen Diözesen und für das Neue Testament und die Psalmen auch von der EKD und der Deutschen Bibelgesellschaft herausgegeben worden ist.© Katholisches Bibelwerk GmbH, Stuttgart 1980.

ISBN 978-3-85179-191-4

Alle Rechte vorbehalten

© 2012 Thiele Verlag in der
Thiele & Brandstätter Verlag GmbH,
München und Wien

Covergestaltung: Christina Krutz, Riedstadt
Layout und Satz:
Christine Paxmann text • konzept • grafik, München
Gedruckt in der EU

www.thiele-verlag.com